刊　　名：都市社会工作研究
主办单位：上海大学社会学院社会工作系
主　　编：张文宏
执行主编：范明林　杨　锃

Vol.5 RESEARCH ON URBAN SOCIAL WORK

第5辑

集刊序列号：PIJ-2016-184
中国集刊网：http://www.jikan.com.cn/
集刊投约稿平台：http://iedol.ssap.com.cn/

RESEARCH ON URBAN SOCIAL WORK Vol.5

张文宏 / 主编

范明林　杨　锃 / 执行主编

都市社会工作研究

上海大学社会学院社会工作系主办

第 5 辑

SSAP

社会科学文献出版社
SOCIAL SCIENCES ACADEMIC PRESS (CHINA)

都市社会工作研究　第5辑

2018年12月出版

目　　录

【社会工作实务研究】

都市社会工作研究　第5辑

第1~16页

合而不融：随班就读儿童教育排斥研究[*]

张漪漫　华红琴^{**}

摘　要　融合教育的目标是使残障儿童享受到公平且有质量的教育，确保儿童权利的实现。"随班就读"作为我国残障儿童最主要的融合教育方式，经过 30 年的发展，在政策层面不断加强，就读人数也大幅上升，但残障儿童在随班就读过程中的境遇怎样？是否实现了"融合"？这关乎融合教育的"质"。本文运用质性研究方法，通过对 3 所学校中的 8 名随班就读儿童、3 名老师和 2 名家长的观察与访谈，以"教育排斥"为理论视角，从身体、价值、权利三个维度，考察残障儿童在随班就读过程中的境遇、"融合"抑或"排斥"的状况。研究表明，随班就读儿童在学校中遭受到身体排斥、价值贬低和权利剥夺，这导致随班就读学生自我价值感低、学习动机弱、情感受到伤害，残障儿童虽然得以"跟随普通学生"却"合而不融"。最后，笔者结合社会工作专业特点，提出社会工作介入融合教育的路径与策略，以减少随班就读儿童的教育排斥现象，促进残障儿童正常社会化以及权利实现。

关键词　随班就读儿童　融合教育　教育排斥

---

* 本文为教育部人文社会科学研究项目"残障儿童家庭抗逆力生成研究"（15YJA850005）成果。

** 张漪漫，广东第二师范学院政法系教师；华红琴，上海大学社会学院社会工作系，副教授。

一　研究背景

随班就读（Learning In Regular Class）是我国实现融合教育（Inclusive Education）最主要的形式，让患有肢体伤残、智力残疾、视听觉残疾、自闭症等特殊儿童（Handicapped Students）可以在正常化的教育环境中接受教育服务，享受教育公平。20 世纪 80 年代我国发布《中国残疾人事业五年工作纲要（1988 年—1992 年)》，文中要求"普通学校要吸纳肢体残疾、轻度弱智等残障儿童进行随班就读"，从此以后，特殊儿童随班就读以一种被确立的身份步入融合教育实践的正轨（李拉，2015）。经过近 30 年的发展历程，随班就读已经在我国中小学教育中逐渐普及，据教育部最新发布的《特殊教育基本情况》统计数据可知，2015 年我国适龄残疾儿童随班就读人数约为 23.66 万人，占残疾儿童受教育总人数的 54% 左右，与 2014 年相比，随班就读人数增加了 3 万多人。从数字上看来，在国家政策的推动下，随班就读儿童的普校入学率有了明显的提高，在保障残障儿童受教育权利方面获得了巨大的成功，越来越多的残障儿童可以与正常儿童享有相同的教学资源、获得平等的教育机会，残障儿童教育的发展历程似乎在"隔离—回归主流—融合—赋权"的方向上不断发展。然而"数量"上的融合并不代表"质量"上的融合，融合教育中的"正常化"指的不只是为身心障碍者提供参与的机会，还包括对他们抱有正向的社会态度和社会期望（钮文英，2008）。随班就读作为融合教育的重要实现形式，为残障儿童提供了平等的受教育机会，使他们有权利与普通儿童共同学习、参与校园生活，那么在表面"融合"的校园里，残障儿童是否真正地受到公正友好的对待？

二　理论视角

（一）概念界定

1. 随班就读

根据 1994 年国家发布的《关于开展残疾儿童随班就读工作的试行办法》，随班就读的对象范围指向智力（轻度或中度）、视力（低视力或盲）、听力（重听或聋）等类别的残疾儿童。而对于随班就读的定义，不同研究领域的学者有着自己的见解。朴永馨（2006）把随班就读界定为：随班就读是残疾儿童在普通学校的普通班级就读，与普通儿童一起学习和生活，克服自身障碍、激发个人潜能的特殊教育模式。陈云英（2004）认为，随班就读特指在普通学校的普通班中吸纳特殊儿童与普通儿童一起接受教育的模式。张宁生等（2002）指出"随班就读是一种在融合教育理念指导下的教育形式，是对特殊儿童进行教育的一种安置模式"。

综上所述，虽然学者们对随班就读的定义表达方式不同，但有着同一核心的概念：在普通的教育机构中，对特殊儿童实施融合教育的一种方式。因此，本文所界定的随班就读是指，在普通学校的普通班级内吸收 1～2 名特殊儿童，使其与普通学生一起接受教育的一种融合教育形式。

2. 教育排斥

教育排斥的概念来源于社会排斥理论。社会排斥是指个人、社会结构或制度不合理的安排，使个人或群体被部分或完全地排除在社会参与和公共服务之外，不能参与个人自身生活中的重要活动内容，导致个体与他人关系破裂，使其脱离社会的主流而被边缘化。因此，教育排斥是社会排斥研究之一。一般来说，教育排斥在两种层面上被研究，第一是社会排斥视野下的教育排斥，主要指因为地位、贫困或身份等造成的不平等的受教育机会，是由于社会性的制度安排而形成的群体阶层分化状态，在不同阶层之间使不同的群体享受不同的教育资源和教育权益；第二是教育共同体内部发生的教育排斥，其主体是教师和学生，客体是处于弱势的教育群体，是一种面对面的行为方式。

本文基于第二种层面考察随班就读残障儿童在普通学校是否受到教育排斥，他们能否为同学与老师真诚接纳，并且享受到适当的教育。

（二）研究框架

对于随班就读儿童在校园内受到排斥的现象，学者一般从制度、文化、态度等方面进行研究。张倩昕等（2014）通过质性研究发现随班就读儿童主要受到制度排斥和观念排斥，一方面教育系统的隔离、资源不流通、政策制定的空泛导致对随班就读儿童产生非预期性的排斥后果；另一方面社会偏见和文化观念也使随班就读儿童处于被边缘化的境地。江秀娜（2011）通过对六名特殊儿童个案的质性研究，在社会排斥的视角下探讨特殊儿童融合教育存在的问题，利用"社会排斥互动框架"，在社会网络、社会文化和教育体制的三个维度下分析社会排斥对特殊儿童融合教育的影响与作用。

她的研究发现在当前的教育体制中，各项政策都致力于保护特殊儿童的受教育权利，但是在政策的真正实施过程中却事与愿违，造成了特殊儿童在教育上的不平等；社会文化的排斥主要表现在社会大众对残障儿童的文化排斥、普通儿童对残障儿童的文化排斥、普校教师对残障儿童的文化排斥；社会网络的排斥体现在特殊儿童的社会关系网络的萎缩、无障碍设施的缺乏和难以参与教育生活等。以往的研究一般倾向于从外部系统方面分析随班就读儿童的排斥状况并提出对策，其中缺乏一种从随班就读儿童主体出发看待被排斥现象的微观视角。

吕寿伟认为教育排斥是可以认识的，它有着自身的表现形式及实施的方式，通常通过身体疏离、价值贬低和权利剥夺三种形式剥夺处于弱势的学生作为教育共同体的资格，使他们不能有效和充分地参与到教育生活中，在教育生活中一直处于边缘化的处境（吕寿伟，2015），如表 1 所示。

表 1　教育排斥的关系结构

教育排斥领域	爱	社会重视	权利
教育排斥内容	紧密的情感关系	个人价值感与成就感	成员的资格
教育排斥形式	身体排斥	价值贬低	权利剥夺
对关系的影响	友爱关系的断裂	社会关系的限制	组织关系的弱化
对个体的影响	被隔离	被羞辱和蔑视	被剥夺和不公平对待

资料来源：吕寿伟，2015，《从排斥到承认：通往有尊严的教育伦理生活》，教育科学出版社，第 91 页。

本文主要采用学者吕寿伟关于教育排斥的研究框架，从身体、价值、权利三个维度，考察随班就读儿童在普通学校中与老师同学的学习情况、日常互动以及事件，分析其是否受到教育排斥，是否实现"融合"。

三　研究设计

（一）研究方法

1. 质性研究方法

本研究采用质性研究方法，通过观察法与访谈法收集资料。

观察法是一种收集研究对象非语言行为资料的研究方法。本研究通过参与式观察和非参与式观察，对随班就读儿童在校遭遇和表现来收集相关资料。在参与式观察中，通过对随班就读儿童进行课堂陪读，可以观察到随班就读儿童在班级中真实的处境及其最直接的反映和表现；在非参与式观察中，观察随班就读儿童参与课间活动的情况、与同伴互动情况、与教师相处情况等，并随时记录自己的所看所想，以致力于呈现真实、客观的状态。

半结构型访谈也称为深度访谈或临床访谈，一般要收集特定个人生活经历的资料，其中包括生活中某些重大事件的过程和影响，以及个人特定经历的过程和动机、个人的情感变化等。本研究选用了半结构型访谈，通过研究对象描述经历的事情以及具体的感受等问题进行深入访谈，同时也通过对教师和家长的访谈更加全面地了解随班就读儿童的在校处境。

2. 研究资料的收集过程

在进入学校后，笔者先与普校的随班就读儿童建立良好的关系，向教师了解该校随班就读儿童的基本情况，并且通过为随班就读学生开展小组活动和个训课的方式与学生进行初步接触，与其建立良好的关系，为往后的研究做铺垫。

研究资料的收集方面，首先，笔者采用半结构访谈，以日常聊天式的访谈，与随班就读儿童沟通，获取所需要的资料，包括学习、课堂、在学校中发生的事件、兴趣爱好、与同学老师的关系等方面，还在访谈过程中仔细观察学生的表情、情绪及动作等非语言的信息，以便体察学生对所经历事件的感受，并随后记录下来。其次，笔者还对普校随班就读老师和随班就读儿童家长进行访谈，从侧面了解随班就读儿童的真实情况和表现。另外，笔者在能够进入"普通学校"的时间中，对随班就读儿童在校处境以及与老师同学互动的情况进行观察，当有事件发生时（如发现随班就读儿童被老师批评、被同学排斥、随班就读儿童心情突然不好等，或者被表扬、被接纳）立即询问，了解事实情况与随班就读儿童的想法和心理感受。

（二）研究对象

笔者从 2015 年 10 月至 2016 年 10 月在上海市 H 区特殊教育康复指导中心实习，主要到 H 区的各中小学为随班就读学生提供个训课服务和心理辅导服务，另外通过特教中心与 H 区的 D 小学进行链接，笔者可以对该学校的一位随班就读儿童进行一学期的课堂陪读。通过这些机会，笔者接触到许多随班就读儿童、普校的随班就读教师、随班就读儿童家长。鉴于此，笔者对随班就读儿童的情况有着相对深入的了解，根据研究的具体需要，本研究一共选择了 3 所中小学的 8 名随班就读儿童、3 名普校的随班就读教师和 2 名随班就读儿童家长，具体被访者资料如表 2、表 3 和表 4 所示。

表 2　8 名随班就读儿童基本情况

单位：岁

编号	性别	年龄	学校	年级	残疾类型
A1	男	12	J 中学	六年级	中度智障
A2	男	14	J 中学	八年级	中度智障
A3	男	15	J 中学	八年级	轻度智障
A4	女	13	J 中学	八年级	轻度智障
A5	男	8	D 小学	二年级	自闭症
A6	男	11	S 中学	七年级	轻度脑瘫
A7	女	13	S 中学	七年级	中度智障
A8	男	15	S 中学	九年级	中度智障

表 3　3 名随班就读教师基本情况

学校	性别	职务
J 中学	女	随班就读教师、教导处主任
D 小学	女	随班就读教师、语文老师、班主任
S 中学	女	随班就读教师、思想政治老师、学校心理咨询师

表 4　2 名随班就读儿童家长基本情况

单位：岁

学生	关系	年龄	职业	方式
A4	母亲	42	个体户	接送
A5	母亲	40	无	陪读

四　随班就读儿童在校处境分析

（一）遭受身体排斥

身体排斥包括身体疏离和身体暴力，主要是在教育共同体中，教师或同伴对处于弱势的个体施以显性或隐形的距离控制和关系隔离。

在 8 名研究对象中，笔者发现有 7 名随班就读儿童都被安排在课室的最后排，甚至是单人单桌。在被班级共同体疏离的情况下，随班就读儿童认为自己是被忽略和遗忘的存在。

> A2：我一直都坐在最后一排，每两周班里都会轮位置，但我从来没有坐到前面。虽然坐到后面真的看不清黑板上的字了，但是毕竟自己脑子也不够用，看不看得见也不重要吧。
>
> A3：我上了七年级后就没有同桌，老师也没有给我安排，凭什么其他人都有同桌？我不知道是不是老师讨厌我，所以不想让其他人和我一起坐，还是说同学们不愿意坐在我旁边，我不知道，我觉得自己跟怪物一样，谁都不喜欢我。
>
> A8：（他谈到被班级同学欺负时，说话声音变大，声音颤抖，表情变得很愤怒）我们班还有隔壁班的同学，每次在课间的时候都弄我，用笔在我校服上画，还把我在走廊间推来推去，我讨厌他们！

当笔者为 A5 进行课堂陪读的时候，在一节英语课上，有一个环节是，英语老师让同学们迅速组成英语朗读小组来读课本的片段，于是学生们 6 个或 8 个围在一起读书，但是没有同学来找 A5。

从访谈和观察中可以发现随班就读儿童在校园中会受到教师和同伴不同形式和程度的身体排斥，包括在班级中位子的隔离、教师的视而不见、教学过程中的被孤立、同伴的关系疏远、同学的暴力施加等，这剥夺了随班就读儿童来自他人看见和听见的现实性，剥夺了与他人的友爱关系。

（二）自我价值被贬低

价值贬低是基于能力、身份还有个体的特殊性，教师或同伴根据价值等级的秩序给予处于弱势的个体或群体很低的价值形象，根据这种价值形象对他们进行蔑视和排斥的行为。

8 名研究对象都谈及曾有过他人对自己贬损的经历，他们经常被赋予"笨蛋""脑子有病"这种带有讽刺性、歧视性的绰号，让他们在内心不断地形成"我不如别人"的体验。

笔者在 J 中学为随班就读学生上个训课的时候，活动还没开始，A1 很早就来了，他一来到就闷闷不乐，与往常欢快的性格截然不同，但他也不肯说自己遇到了什么事情。于是笔者利用沙盆游戏慢慢地与他进行沟通，A1 才渐渐地透露出自己的烦恼："姐姐，你是不是觉得我脑子很笨、很没用啊？"笔者感到非常诧异："不是的，姐姐觉得你很聪明，知道很多连姐姐都不知道的课外知识。"然而 A1 的表情还是很难过："可是每一个人都说我笨、说我傻，连老师都说我没脑子，怎么学都学不会。"

> A7：班里同学平时就喜欢给我起外号，我不喜欢那些名字，真的很不喜欢。有次数学考试发卷子，老师在班里面就很大声地说，你们再不好好听课就会跟×××（A7 的名字）一样变成傻瓜，考不上高中！
> A4 的母亲：有次她（A4）回家后一句话不说就进房里了，好久才出来，就在那里哭，她说同学都说她弱智、没用。

另外笔者在实地研究中发现，教师对随班就读儿童"低期待"与"无要求"的行为也是一种价值贬低。他们认为随班就读儿童根本没有能力完成学业或其他任务，对其抱以"放任自流"甚至放弃的态度，不给他们安排学业的任务也不给予指导，这种对个人能力的贬低对随班就读儿童构成了独特的受伤害经历。

> A3：老师说只要我上课别吵着别人就行，睡觉（等）干吗都可以。无所谓啊，反正也学不进去，我就在后面玩我自己的，管他呢。

S 中学的随班就读教师谈到随班生 A8 时比较感慨：

> 因为他（A8）平时作业和学业跟不上、成绩比较差嘛，所以他班主任对他没什么特别的期望和要求，最后他连规范也不遵守，成绩差不说，连规矩也不守了，平时连校服也不穿了，总是旷课迟到，我就和他的班主任说，他能做到的还是得要求他，例如行为举止、校园规范之类的。

无论是形象的贬低，还是能力上的低估与否认，都是作为教育共同体的集体蔑视，使随班就读儿童个体的自我能力得不到公共认可。在研究中发现，随班就读儿童所受到的价值贬低包括来自教师与同学的贬损性语言评价和行为方式、教师的"无要求"与"低期待"等，这种教育排斥形式使随班就读儿童无法将自己视为在教育共同体中具有意义的成员，容易采取自暴自弃的方式面对学习和生活，甚至发展出一系列社会越轨行为。

（三）权利无法充分实现

对教育共同体中的个体而言，都应该拥有相应的权利，包括行为权和接受权。行为权指在教育生活中的个体有权利做某种行为，例如可以参加校园的活动、参与课堂的讨论等；而接受权指个体有权利接受本应有资格获得的东西，例如受到平等的对待和相同的期望等。

> A6：我没有去秋游，因为上次春游的时候老师说人会很多，怕我走丢，所以没让我和同学们一起去公园玩，这次秋游报名的时候我就没有报了。（笔者继续追问原因）如果报了老师会跟妈妈说不要我去的，我不想老师又找妈妈，所以我不去了，（低头）其实我也挺想去玩的。

《残疾人保障法》和《义务教育法》等都明确规定普通学校应该接纳具有接受普通教育能力的适龄残疾儿童随班就读，并为其学习和康复提供帮助，普校不可以用任何理由拒绝接收具有接受普通教育能力的适龄残疾儿童随班就读。但笔者在研究中了解到特殊儿童的入学还是存在着一定的困难，这些被拒绝的经验伤害着儿童幼小的心灵。

> A5的妈妈：孩子到了6岁准备上学的时候，我们不想让孩子进特殊学校，想让孩子在普通学校里接受教育，因为我们觉得孩子在正常环境中长大、学习些规范，以后可以少受社会上的排斥。于是到处找普通学校、找校长，希望能接收他，但是联系了一些学校，他们就说各种理由，怕孩子不适应之类的不愿意让我们进。后来找到一个小学，沟通了好久，学校要求必须家长陪读才可以进去读。

笔者与A8访谈，当聊到升学的问题时，A8情绪比较激动：

班主任叫我不要参加中考了，然后跟我妈说去职校学个技术对以后好，说可以给我安排职校，我就很不开心，为什么我不能参加中考？我知道我成绩不好，但我都待了那么多年了，也应该去参加考试吧。

在研究中可以发现，教育共同体中的权利剥夺虽然形式较多，但是整体上主要表现的是参与缺失和不平等的对待。其实，参与要求的是平等参与，平等也是要求参与的平等，所以权利剥夺实质上是对平等参与权利的侵犯和剥夺，即对于平等地参与教育生活和获得同等质量的教育参与的权利剥夺。随班就读儿童受到的权利剥夺形式包括被拒绝入学、被排除在班级的主要活动之外、被阻止升学机会等，这些权利剥夺的形式有时候不会以公开的形式去拒绝随班就读儿童的参与，往往是以一种隐形或者班级的内部规则的方式对个体进行权利剥夺，但无论是以书面公开的形式还是隐形的形式，都极大地影响着融合教育的实施。

五　造成随班就读儿童教育排斥的原因

在访谈和观察中可以发现，其实教育排斥是一个动态的过程，最初的排斥是单向的，但渐渐地会成为双向的排斥。单向的教育排斥是社会上的主流文化剥夺了随班就读儿童的受教育权益，让他们个体的价值和能力无法得到实现，最终无法促进自身的成长，难以适应社会，从而进入社会后面临更大的社会排斥，造成持久和多重的弱势。而双向的教育排斥是随班就读儿童受到社会主流文化和群体的排斥，他们也会逐渐地排斥普校的教师、同学，甚至排斥学校，有的会带着受伤的经历选择离开学校。然而，值得关注的是，即便他们离开了校园，也会继续面对着对社会的不认可、不信任和排斥，甚至可能会发展到敌视社会的心理。因此，我们可以发现随班就读儿童遭受到的教育排斥不仅对儿童的身心造成非常巨大的伤害，同时也破坏着融合教育实施的目的和结果，使教育成为一种"无尊严"的生活。那么，存在如此多弊端的教育排斥为什么会存在？

（一）缺乏对特殊儿童的了解

笔者在本研究中对 3 所中小学进行了入校研究，然而发现普校中的随班就读教师并不了解特殊教育的相关知识，她们本身是学科老师或者德育处老师，然后兼任随班就读教师。虽然 H 区特教中心每周会派专业的特教老师去中小学给随班就读儿童上个训课，但是缺乏对随班就读教师的培训。如果连学校中唯一的随班就读教师都不了解特殊儿童，那么校园内的其他任课老师和学生就更加没有途径了解和接纳随班就读儿童了。

> S 中学的随班就读教师：其实我不太了解特殊孩子的这些疾病，就是什么疾病对应会有什么表现或者行为不太清楚，很多老师觉得孩子的表现是由于个人品行不好，例如懒惰、不认真学习、不守纪律之类的，所以才会学习不好，老师们都不知道是因为孩子的智力或者其他问题才会造成学业情况较差。

普校中的教师认为没有必要了解特殊教育的知识，她们认为自己是普校教师，是为普通学生上课的，特殊教育的知识是特殊学校老师负责的。

> D 小学的随班就读教师：有些任课老师会觉得特殊儿童不应该放在普校中，这样会给教师增加压力，应该在特殊学校里接受专门的教育，毕竟老师平时都很忙，顾及一般学生都来不及了。所以让任课老师学习特殊教育的知识，一来她们觉得没有必要，二来也没精力去学这些。我自己也是五年级的班主任和语文老师，平时也是很忙的，还要兼任学校的随班就读教师。

当笔者向这名随班就读教师询问该校几名随班就读儿童的具体情况和家庭情况时，该教师称并不是很了解。

（二）功利主义教育理念的遮蔽

融合教育的初衷是相信每一个孩子都是有价值和能力的，都应该有机会去追求更好的生活品质。好的教育应当是培养人的活动，引导人向善的，然而在功利化的社会背景下，教育不再是基于孩子自身的独特性和对人的发展的促进性而存在了，而是作为社会发展的一种工具而存在。

> J 中学的随班就读教师：按道理随班生是可以和其他学生一起参加中考的，但他们有些人成绩太差，况且他们的中考成绩也要算进学校

升学考试里的，他们即使去考也考不上的，所以班主任都会跟家长劝说不要（他们）参加升学考试。

以成绩的好坏去剥夺孩子应有的权利使教育完全沦为功利化社会的产物。成绩主导的教育观念必然产生成绩最优化观念下的被排斥的对象，这种狭隘的视野遮蔽了教育的真正的目标，也放弃了对教育目标的反省。教育向来都不仅是为了单纯的物质性的存在而存在的，而是通过伦理性的教育来实现每一个独立个体道德的教化和人性的完满。笔者在接触这些随班就读儿童的过程中，发现他们具有非常多的能力和优点，例如熟知各种历史地理的知识、有很强的运动能力、有手工创造力等。另外，在笔者开展的随班就读儿童小组活动中，在笔者的鼓励和支持下，他们愿意表现自己，注意力也非常集中，与教师对他们的评价截然相反。笔者认为仅凭成绩去抹杀一个孩子的发展能力是不公平且不道德的，不应该用片面和狭隘的标准将随班就读儿童推出教育共同体。

六　教育排斥的后果以及随班就读
儿童社会工作介入建议

从研究中我们可以发现，随班就读儿童会遭受到来自同伴、教师和学校施加的身体排斥、价值贬低和权利剥夺，这导致随班就读儿童形成较低的自我价值感、学习动机减弱以及情感受到伤害。而这些排斥行为是由缺乏对特殊儿童的了解、功利主义的教育理念等因素造成的，因此要减少或消除随班就读儿童的教育排斥现象，需要以"人在情境中"为视角，从多方面介入，在根源处采取对策，这样才能有机会实现随班就读儿童从"单纯的身体融入"转向"真正的教育融合"。

在查阅国外和我国港台地区特殊儿童融合教育的文献中，笔者了解到很多地方已经有社会工作服务介入融合教育的经验。例如，美国已经在1975 年利用法律的形式将社会工作者纳入特殊教育的体系中，社会工作者被视为帮助特殊儿童进行良好教育的重要角色。在美国，特殊教育领域成为学校社工的服务重点，转介前干预、开展深度评估（社会情感评估、文化背景评估、适应性行为评估）、撰写评估报告及制定个别化教育计划，都是美国学校社工介入特殊儿童融合教育的主要内容。美国学校社工在工作中重视帮助普校教师认知和界定特殊儿童的个别化学习问题和行为问题、改进和跟踪服务水平、评估教育质量、为开展个别化教育模式的普校教师提供及时有效的支持，以便更有效地利用特殊教育资源等（陈奇娟，2015）。

另外，在我国香港，智力轻度障碍的儿童也可以在普校接受教育，由学校社会工作者为随班就读儿童提供支持和辅导，包括个案服务等（蒋云尔、盛永进，2004）；而在我国台湾，在20世纪末由中华儿童福利基金会开始推动特教体系社会工作的发展，社会工作者入驻校园，为特殊儿童或者处于弱势的学生提供社会工作服务，包括小组工作和个案工作（刘斌志，2010）。

可以发现，社会工作在国外和我国港台地区对特殊儿童融合教育的功能是让儿童可以更好地在学校的环境中适应，通过链接资源和建立支持体系保障特殊儿童的受教育权利，通过个案辅导为特殊儿童提供及时的心理社会支持。但是在中国大陆，社会工作介入随班就读的服务较少，随班就读工作一般是由特殊教育的人员进行管理，同时，特殊教育更多的是针对儿童自身的问题采取服务策略，而缺少将随班就读儿童放到一个整体环境中的视角，因此很容易忽略儿童在校园环境中所受到的对待和儿童的感受及行为表现。而社会工作在这些方面却有着很强的专业性和广大的发展空间，可以更好地服务于随班就读儿童。

（一）倡导模式下的社会工作介入方法

社会工作注重人的社会性需要在与他人的关系中实现，因此需要重视随班就读儿童所处的情景，重视学校、社区等与儿童有互动关系的组织对儿童的影响，将干预的范围扩散到一个整体环境。在倡导模式下，社会工作者是随班就读儿童的代言人和行动者，有责任帮助特殊儿童重新建立社会网络和人际关系，努力为特殊儿童争取应该获得却未获得的教育资源。此时，特殊儿童不需要直接参与介入的过程，而是由社会工作者为其争取最大限度的社会福利和社会支持，最大限度地减少对儿童的心理伤害。

在特殊儿童入学权利方面，已有明确的政策规定普通学校应该接收具有接受普通教育能力的适龄残疾儿童随班就读，并为其学习和康复提供帮助，普校不可以用任何理由拒绝接收具备接受普通教育能力的适龄残疾儿童随班就读。但是在笔者的研究中，发现普校会以各种理由拒绝或劝退符合要求的儿童，而当家长因不了解现有的政策而屈服时，特殊儿童接受教育的权利便无法得到保障。因此，当有这种情况发生的时候，社会工作者应该及时与学校协调，利用政策的规定对儿童权利进行维护，同时需要跟特殊儿童家长进行相关知识的讲解，若学校不做出反应，社会工作者可以向教育部门反映实际的情况，展开协调和倡议，以求争取公平的机会让特殊儿童受到应有的教育。对于已经处于校园中而未获得平等的对待的随班就读儿童，社会工作者应与相关教师适当地进行协调和沟通使随班就读儿童得到平等的关注和指导，还应及时注意和了解随班儿童与普通学生在相处和互动过程中的不良行为带来的负面影响，予以干预和消除，及时避免排斥行为对随班就读儿童的身心伤害。

针对学校对特殊儿童缺乏认识的问题，社会工作者可以在学校或班级内开展宣传教育活动，通过宣传海报、知识小册子、真实的体验活动等方式加强校园中的教师和同学对随班就读儿童的认识和了解，培养同理心，在校园中营造关爱、友爱、接纳的氛围。社会工作者还可以与区特殊教育指导中心进行对接，通过专业的特教老师进普校对普校教师进行特殊教育的知识教育和技能培训的方式，提高普校教师对特殊儿童的认识度，转变其以往对随班就读儿童的认知，在更好地了解儿童身心发展的情况下对其进行教育和辅导，将教师对随班就读儿童的教育理念转向积极正面的思想方向，从而有利于改变排斥状况，增强随班就读儿童的社会性融合。另外，社会工作者应该重视随班就读儿童所处校园的基础设施，倡导学校构建无障碍的校园环境，弥补特殊儿童在智力或体能上的不足，提高随班就读儿童的学习能力和活动参与度。

（二）赋权模式下的社会工作介入方法

赋权是现代社会工作理论中一个重要的概念，这里的"权"是指个人、群体所具备的能力，是对外界的人或事物的影响力及控制力，强调的是个体对他人、组织或社会的拥有、控制、影响的作用，因此"赋权"就是指赋予或充实个体或群体的能力，激发与挖掘个体潜在能力的一种过程、介入方式和实践活动（陈树强，2003）。如果没有丰富的个人资源，例如积极的自我认同、良好的认知、支持性的社会关系网络，个体就难以对所处的环境施加影响力，从而也就不能改变自己在环境中的现状。

生理的缺陷必然会使随班就读儿童在学习和生活中存在部分的障碍，但更多的是校园中的重要他人——教师和同学，给随班就读儿童带来的身体排斥、价值贬低和权利剥夺的排斥行为，令随班就读儿童逐渐地成为低自尊的个体，制约了随班就读儿童的主观能动性，使他们不断地远离班级和学校，拒绝在教育共同体中进行互动。赋权模式与倡导模式不同的方面在于，赋权强调行动的主体是儿童，重在发掘其自身的资源，赋权模式着重于培养随班就读儿童的尊严和自信，增强随班就读儿童的成长动机，注重培养随班就读儿童积极正面的发展型认知和心态。

首先，社会工作者要帮助随班就读儿童学会自我尊重与认同，促进其了解和认同自身生理发展真实的情况，并发现自己拥有的潜能，逐渐消除随班就读儿童自我责备和自我贬低的认知。

其次，社会工作者要链接相关的康复机构，例如特教中心、定点医院等，促进随班就读儿童的身体状况和能力的改善与康复，有利于使儿童以更好的生理状态适应校园的学习和生活。

最后，社会工作者可以传授学习技能和方法，提高随班就读儿童融入班级集体进行共同学习的意愿。在赋权模式的介入中，要求社会工作者以平等的沟通方式、与随班就读儿童思维相仿的方式来影响和改变随班就读儿童，赋权模式的作用就是为了让随班就读儿童建立一种积极的自我认同，发掘其潜在的康复和学习、生活的潜能，重点是重建随班就读儿童的自尊自信，恢复其社会化的功能。

参考文献

阿伦特，2009，《人的境况》，王寅丽译，上海人民出版社。

阿马蒂亚·森，2009，《身份与暴力：命运的幻象》，李风华、陈昌升、袁德良译，中国人民大学出版社。

艾·弗洛姆，2008，《爱的艺术》，李健鸣译，上海译文出版社。

陈奇娟，2015，《美国学校社会工作在特殊教育实践中的介入》，《社会福利》第9期。

陈树强，2003，《增权：社会工作理论与实践的新视角》，《社会学研究》第5期。

陈云英，2004，《中国特殊教育学基础》，教育科学出版社。

江秀娜，2011，《特殊儿童融合教育与社会工作的介入》，《社会工作》（实务版）第12期。

蒋云尔、盛永进，2004，《融合理念下的"全人教育"——香港特殊教育考察随感》，《现代特殊教育》第9期。

景晓芬，2004，《社会排斥理论研究综述》，《甘肃理论学刊》第2期。

李拉，2015，《我国随班就读政策演进30年：历程、困境与对策》，《中国特殊教育》第

10 期。

刘斌志，2010，《论特殊教育中社会工作支持服务的拓展》，《中国特殊教育》第 6 期。

吕寿伟，2010，《寻找没有排斥的教育——一种否定性的教育理想》，中国教育学会教育
　　哲学专业委员会学术年会论文。

吕寿伟，2015，《从排斥到承认：通往有尊严的教育伦理生活》，教育科学出版社。

钮文英，2008，《拥抱个别差异的新典范——融合教育》，台湾心理出版社股份有限公司。

朴永馨，2006，《特殊教育辞典》，华夏出版社。

杨威，2014，《社会排斥视角下社会工作介入特殊儿童教育》，《长春工业大学学报》第
　　3 期。

张宁生、陈光华，2002，《再论融合教育：普小教师眼中的"随班就读"》，《中国特殊
　　教育》第 2 期。

张倩昕、陈雪莹、张鑫等，2014，《社会排斥视角下残障儿童随班就读的困境与出路》，
　　《社会福利》（理论版）第 3 期。

都市社会工作研究 第5辑
第 17~33 页
© SSAP，2018

城市家庭 0~3 岁幼儿抚养结构
转变及隔代照料探究

乐　璐　陈　佳*

摘　要　本文旨在探讨隔代照料模式在城市幼儿家庭中的普遍性，以及隔代照料家庭的形成机制及其影响。通过 195 份针对 0~3 岁幼儿父母的问卷调查以及对作为幼儿主要照料人之一的 10 位（外）祖父母的深度访谈，本研究发现当前 0~3 岁幼儿城市家庭大多选择三代同堂的居住方式，且孩子多由祖辈参与照料。在照料过程中，老人与年轻父母在教养理念上存在差异，并有沟通上的困难。两代人共同照料幼儿可能给祖父母或外祖父母带来不同的情绪影响。本研究提出作为幼儿照料者的老人需要与年轻人互相关怀与理解。社会工作者可以通过发展相关的家庭及社区社会工作项目为此类家庭提供支持性服务。

关键词　城市家庭　0~3 岁幼儿　抚养结构　隔代照料　代际团结－冲突模型

---

*　乐璐，上海大学社会学院社会工作专业硕士；陈佳，上海大学社会学院讲师，主要研究领域：家庭社会工作、老年社会工作等。

一 研究背景

在我国过去近 40 年的时间里,计划生育下的"独生子女"人口政策给无数的中国家庭带来了深刻的影响。在这样的政策背景下,一方面,日益增长的生活压力和职业妇女的不断增加使得家庭的生育意愿呈现降低趋势,少子化日趋严重;另一方面,先进的医疗技术大大延长了人们的寿命,降低了死亡率,快速的人口老龄化给家庭、政府乃至社会带来了沉重的养老负担。为了更好地应对未来的养老以及劳动力市场的人力缺乏等社会问题,我国近年来开始不断调整生育政策。国务院分别于 2011 年和 2013 年实施"双独二孩"和"单独二孩"政策,并最终于 2016 年 1 月 1 日正式启动"全面二孩"政策(钟晓慧、郭巍青,2017)。面对即将可能到来的新"婴儿潮"时代,谁将承担照料幼儿的工作?和发达国家不同,中国尚未普遍建立专业成熟的育婴/育儿园,在传统的中国家庭中,幼儿的妈妈通常承担着主要的幼儿照料工作。然而这一传统的照料模式正受到现代社会的强烈冲击,女性主义所推崇的女性独立和性别平等的思潮以及中国女性在劳动力市场不断增长的参与率使得双职工家庭成为中国大多数核心家庭的常态。越来越多的年轻母亲已无法(单独)成为照料幼儿的主力军。

根据我国老龄中心 2014 年的调查数据,在全国 0~2 岁儿童中,孩子主要由隔代祖辈照顾的比例高达 60%~70%,其中 30%的儿童完全交由祖辈照顾(钟晓慧、郭巍青,2017;吴祁,2017;宋璐、冯雪,2018)。Goh 和 Kuczynski(2010)通过对厦门的城市独生子女家庭研究发现,"代际抚养联盟"(Intergenerational Parenting Coalition)正成为当下中国城市家庭幼儿照料的主要模式,即幼儿的父母以及祖父母共同照料幼儿,成为协作照料者。可见,老人正成为幼儿照料中不可忽视的群体,甚至代替年轻的妈妈成了主力军。

考虑到二孩政策的全面放开,祖辈的幼儿照料压力可能在未来要双倍增加。由于我国传统家文化中的"亲情"情结和"责任伦理"意识(陈盛淦、吴宏洛,2016),许多作为幼儿隔代照料者的祖父母有苦但难言。对于祖父母来说,为了整个家庭的福祉,于情理层面帮助带孩子被视为他们的责任和义务。祖父母在幼儿照料上的帮助在一定程度上增加了年轻人的劳动时间,使他们更加集中精力工作,从而减少家庭经济等方面的压力(李超、罗润东，2017）。虽然隔代照料可以在一定程度上增加老年人的家务劳动时间，享受"隔代亲"，有利于提升老年人的自我价值感和效能感，起到减缓衰老的作用，但是这些老年人也不得不过着"被捆绑住的老年生活"或者继续被"压榨"。为了能够更好地为我国的家庭照料政策提供参考依据以及及时应对未来"4－2－2"（四个老人、两个孩子父母以及两个孩子）家庭结构下抚育幼儿过程中的家庭照料需求，基于在上海市儿童医院发放的 195 份问卷调查资料和对 10 位作为隔代照料人的（外）祖父母的深度访谈资料，本文旨在回答以下两个研究问题：①在城市家庭中，隔代照料模式是否具有普遍性？②城市家庭中隔代照料的形成机制和影响是什么？

二　文献回顾

（一）代际团结－冲突模型

本文主要涉及城市家庭抚养幼儿过程中三代关系的联结、冲突等内容。国内外很多社会学和心理学的理论被用于研究家庭代际关系，其中代际理论是最被广泛使用的理论之一。在代际理论中，学者本特森于 20 世纪 70 年代首次提出了代际团结理论，他认为代际团结是一个内涵多维的概念，既包括了代际间实体性的关系，如接触见面、经济和劳务帮助，也包括非实体性的关系，如情感和精神上的归属感和密切性，并应该从情绪、行为、态度三个方面来描述家庭关系，代际关系的核心是团结和凝聚力（刘汶蓉，2016）。随着研究的推进，研究者发现这种理论范式过于理想化，它更多地描述了家庭代际关系中和谐的一部分，于是在此基础上，出现了代际团结－冲突模型（Luscher，2002）。帕罗特和本特森也进一步修正了代际团结模型，认为冲突和团结是并存的，并受到后现代理论影响，出现了代际矛盾情感理论（Intergenerational Ambivalence），其用来反映家庭代际关系中存在的矛盾现象。代际矛盾情感理论认为，由于现代社会处于急速变迁之中，个体无法确定自己在家庭生活和代际关系中的角色，且由于角色和规范的矛盾，认知、情感和动机等相关的心理和主观之间的矛盾，个体总是处于正反交织的矛盾情感之中（Luscher & Pillemer，2004；石金群，2015）。学者们根据代际理论将中国城市家庭代际关系大体分为五种潜在类型，包括"亲密且互惠型"、"亲密有距型"、"实用主义型"、"情感型"和"疏离型"，其中"亲密且互惠型"是最为普遍的（马春华，2016；张琦妍、李丹，2015）。同时也有学者发现，中国农村家庭的代际关系也可分为五种类型："紧密型"、"近距离但是不和谐型"、"远距离且不和谐型"、"近距离但互惠型"和"远距离但向上型"，其中最普遍的是"紧密型"家庭。农村和城市最普遍的家庭类型所共同具有的"亲密"的特征暗示着我国家庭中父母和子女是各自重要的支持性资源（Guo et al.，2013）。在我国 0～3 岁幼儿城市家庭中，由于宏观生育政策和养老浪潮的到来，许多退休在家的老人出于家庭义务及情感等因素帮助子女育儿，以减轻子女的生活压力。这虽然给老人自身带来了压力和不便，但他们难以推辞，陷于正反情感交织的困境中，与代际矛盾情感理论相呼应。本研究中，笔者采用代际团结—冲突模型对 0～3 岁幼儿城市家庭照料结构及隔代照料内容进行分析，旨在了解隔代照料的普遍性特征和形成机制，以及隔代照料给祖辈照料人带来的影响。

（二）国内外 0～3 岁幼儿家庭隔代照料的成因和模式

在国外文献中，隔代照料模式的增长现象已经得到广泛关注。美国人口普查局 2008 年的统计资料显示，美国有 250 万个祖辈老人负责照料与他们同住的孙辈的生活起居。2004 年来自欧洲 10 个国家（奥地利、丹麦、法国、希腊、德国、意大利、荷兰、瑞典、瑞士、西班牙）有关健康、老龄化与退休的调查（SHARE）显示，家中有 15 岁以下孙辈的老人有一半声称在调查的前一年照顾过孙辈，而 2013 年澳大利亚有 46680 个祖辈家庭，在过去的 10 年增长了 64%。新加坡 2005 年的调查表明，40% 的孩子从出生起到 3 岁均由祖辈老人照顾（吴祁，2017；宋璐、冯雪，2018）。可见，国外家庭中祖辈照顾孙辈的比例有普遍增长的趋势。

在国内，根据北京市教育委员会学前教育处的统计数据，北京市 0～3 岁孩子的入托率只有 12%，剩下的 88% 中则至少有一半以上是隔代照料。另外，我国老龄科研中心的调查发现我国帮助子女照顾孙辈的老年人比例高达 6.47%，有 60%～70% 的祖辈照顾的孙辈不到两岁半。有 30% 的儿童甚至是被放在祖父母家里照料照顾的，在孩子 3 岁之后，大部分儿童都上幼儿园，祖辈直接照料的比例则会下降到 40% 左右（穆光宗，2017）。与国外的发展趋势类似，在中国家庭中，由隔代照料 0～3 岁幼儿的比例也在不断升高。

然而，国内外隔代照料现象的成因存在差异。国外家庭中的隔代照料儿童通常来自特殊家庭（如父母离异或服刑、药物滥用等无法承担照料义务的家庭），或者是处于弱势地位的少数族裔家庭（李超、罗润东，2017；郭筱琳，2014）。我国家庭隔代照料的出现与社会政策、人口特征变化以及传统文化等因素息息相关。具体说来有以下几个方面的成因：首先，农村家庭中隔代照料模式渐趋主流。在我国农村地区，"城乡二元结构"及大规模人口流动导致乡村人口结构发生改变，大部分青壮年农民工进城谋生，由于城市学费昂贵且花费大，外出务工父母工作紧张且流动性强，孩子也难以适应城市生活，并且大部分农村老年人已不具备进城务工的精力，从而产生大量农村留守儿童和老人，儿童只能留给家中祖辈照料（郑观蕾，2017）。其次，在我国，人们对专业照料职业群体（保姆等）的信任度较低，对自家老人（自己的父母）的信任度高。虽说保姆、家政工等群体为专业照料人，但对于当前大部分国人而言，把家中育儿、生活照料等工作完全放诸保姆、家政工依旧被认为是具有一定风险性的行为。人们对将保姆、家政工等安排进家中育儿有财产、人身安全方面的担忧，而自家老人作为育儿及照料者相对具有更多的情感及信任优势。因此，大家普遍宁愿选择让老人育儿，也不愿意选择由保姆、家政工进行育儿照料。最后，受到自古以来的"家本位"文化影响，祖辈帮忙照料幼儿被视为一种义务。亲子关系作为非正式关系中的最为紧密的关系层，其凝聚力和重要性不言而喻。老人来到家中帮助成年子女照料幼儿，也在一定程度上相互满足了成年子女和老年父母之间的情感和精神互动需求（卢洪友、余锦亮、杜亦譞，2017）。

伴随着隔代照料现象的普遍化，我国家庭的结构和隔代照料方式也呈现不同的类型。有学者发现，在我国 0～3 岁幼儿家庭中，家庭结构可以被划分为三种类型：三代家庭（幼儿与父母、祖辈同住）、核心家庭（幼儿仅与父母同住）和隔代家庭（幼儿仅与祖辈同住），其中占比最高的往往是三代家庭（郭筱琳，2014）。

根据祖辈照料孙辈的时间和程度的不同，有学者将隔代照料的方式总结为三种：第一种即工作日由祖辈照料，周末由父母接回；第二种是一直由祖辈照料，父母一周抽空去探望；第三种则是三代人一起居住，亲辈和隔代共同花费时间育儿（张琦妍、李丹，2015）。与此不同，根据祖辈采取的教养方式进行划分，隔代教育被分为守旧型、纵容型、身教型和民主型。其中，守旧型指祖辈只关注儿童物质方面的满足，却忽略人际交往等社会性方面的培养；纵容型指祖辈无原则地袒护、溺爱孙辈；身教型指在生活中祖辈为孩子树立好榜样，严格要求孩子，培养良好的习惯；民主型是指祖辈同父辈相处融洽共同教育孙辈，及时修正错误方式，注重孩子各方面的发展（卢乐珍，2004；张琦妍、李丹，2015）。隔代照料者可能受到自身文化、性格、经济、社会等各方面因素的影响，产生了不同的照料方式，这对孙辈的成长历程也可能具有一定的影响。

（三）隔代照料模式下的代际关系

隔代照料带来一定便利的同时，也给作为照料者的个体以及三代的代际关系带来影响。对于亲辈而言，隔代照料有助于亲辈解放双手，集中精力于工作之中。随着隔代照料模式的日益普遍化，祖辈帮忙照顾幼儿在一定程度上能够帮助亲辈（尤其是母亲一方）从繁重的幼儿照顾中解放出来，从而使亲辈可以将更多的时间和精力付诸工作，减少亲辈的育儿负担，降低其因照料幼儿带来的经济压力，更好地维持家庭经济。

对于祖辈而言，隔代照料则带来积极和消极的双重影响。一方面，祖辈在照料幼儿过程中可以提升自我价值感，体现自己为家庭做出的育儿贡献及意义，同时也能获得来自幼儿的积极情感反馈，降低退休后的"落寞感"体验（骆风、李远帆、宋广文，2014）。另一方面，育儿给祖辈带来积极体验的同时，繁重的照料幼儿的工作也带来大量的消极影响。照料幼儿需要祖辈倾注大量的时间及精力，这在0～3岁幼儿城市家庭中尤为显著。也有学者指出，隔代照料内容多具烦琐、重复等特点，如洗衣、做饭等较为繁杂琐碎的日常家务（张田、傅宏，2017）。加上祖辈自身年龄增长，长期从事机械且枯燥的家务劳动既不利于其身体健康，也容易使祖辈产生无趣感。与此同时，由于幼儿作为当前家庭的核心人员，祖辈需要对幼儿的身体、情绪等进行全方位照顾，从而产生一定的心理压力，不利于祖辈的老年健康生活。此外，由于老人的自身成长经历、生活背景和年轻人具有较大的差异，两代育儿理念往往也具有冲突和差异，彼此容易产生育儿冲突等问题（肖雅勤，2017）。

对于三代关系而言，隔代照料易产生"隔代亲"现象，不利幼儿与父母的情感发展。由于祖辈的协助，亲辈得以从育儿任务中解放出来，将部分时间给予工作，相对祖辈而言，亲辈与幼儿相处时间较短。在幼儿与祖辈的长期互动中，孩子容易对祖辈产生更深的情感依赖（见图1），从而产生"隔代亲"现象，即幼儿与祖辈逐渐亲密，并逐渐依赖祖辈，却与亲辈父母逐渐疏离，从而不利于亲辈父母与幼儿的正常情感发展与沟通（穆光宗，2017）。

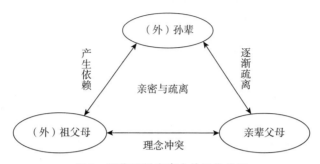

图 1　隔代照料家庭中的三代关系

三　研究设计

本研究主要采用了问卷调查法和深度访谈法，针对城市 0~3 岁的儿童家长展开调查。首先，笔者于 2018 年 3 月与上海市儿童医院合作发出并回收 195 份电子问卷。这 195 名被调查者的平均年龄在 30 岁左右，女性和男性分别占 82.56%（161 名）和 17.44%（34 名）。在受教育程度方面，具有初中及以下文凭的家长占 7.18%（14 名），高中文凭占 10.26%（20 名），大专文凭占 22.56%（44 名），本科文凭占 47.18%（92 名），硕士及以上文凭占 12.82%（25 名）。

另外，笔者分别于 2018 年 5 月和 7 月在上海市宝山区吴淞街道社区、普陀区等地进行入户访谈，运用深入访谈法共访谈了 10 位隔代照料者，分别为 5 位奶奶、2 位爷爷和 3 位外婆。10 位老人年龄均在 60 岁左右，家中幼儿目前均为一胎，其中 8 位老人是三代同住家庭，另 2 位老人是工作日在自己家中育儿，周末将幼儿送回亲辈家中（见表 1）。

表 1　观察/访谈对象基本信息

单位：岁

人物称呼（化名）	年龄	性别	孙辈情况	基本情况
M 姓爷爷	60	男	18 个月的孙女	三代同住，工作日照顾孙女
L 姓奶奶	58	女	24 个月的孙女	三代同住，全周照顾孙女
H 姓奶奶	65	女	32 个月的孙女	三代同住，全周照顾孙女

续表

人物称呼（化名）	年龄	性别	孙辈情况	基本情况
Z 姓姥姥	62	女	23 个月的外孙	三代同住，工作日照顾外孙
S 姓奶奶	58	女	13 个月的孙子	三代同住，全周照顾孙子
Q 姓奶奶	67	女	27 个月的孙女	三代同住，工作日照顾孙女
Z 姓爷爷	70	男	9 个月的孙女	三代同住，全周照顾孙女
T 姓奶奶	61	女	13 个月的孙子	三代同住，工作日照顾孙子
M 姓姥姥	64	女	16 个月的外孙女	工作日在祖辈家庭照料，周末放回父母家里养
C 姓姥姥	65	女	27 个月的外孙	工作日在祖辈家庭照料，周末放回父母家里养

四 研究结果

本文将从以下五个方面呈现研究结果，分别是隔代照料的普遍性、隔代照料的起因、隔代照料者的教养理念、隔代照料中的代际沟通、隔代照料对祖父母的情绪影响。

（一）隔代照料的普遍性

通过对 195 份调查问卷分析发现，三代共同教养孩子的家庭数量达 130 个，其数量占总体比例高达 66.67%，包括夫妻和祖父母、夫妻和外祖父母两种情况（见图 2）。被调查家庭中孩子由隔代祖辈照料的比例已然居于首位，我们推测放开二胎后，这一照料方式将会继续扩大。

另外，在深度访谈的 10 位隔代照料者中，有 8 位为三代同住，2 位是单独和孙辈两代居住照料。但是，他们均需要在工作日照料孙辈并承担主要照料任务，孩子父母则在工作日工作，周末才负担照料幼儿的职责。

（二）隔代照料的起因

隔代照料的起因主要有以下几方面。首先，退休后赋闲在家的老人帮助成年子女育儿，可减轻成年子女的生活负担。大部分的隔代照料源于老人考虑到孩子父母难以兼顾工作和育儿，且老人考虑到自身退休之后赋闲在家，也有空余时间可以帮忙照料孩子，所以决定帮忙照料以减轻孩子父母的育儿负担（卢洪友、余锦亮、杜亦譞，2017）。在此次访谈中有老人提

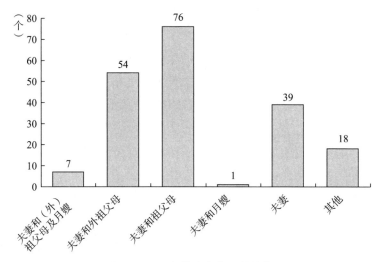

图 2　0~3 岁幼儿家庭照料结构

到这个原因，具体见下文访谈内容。

> 孙女我们也挺喜欢的，她爸妈平时也要上班的，也没有时间带她，所以就给我们自己来带着咯。那亲家呢又在外省住，在上海也没有住的地方，孩子爸爸、妈妈嘛现在也是跟着我们住的，所以大部分时候嘛，都是我和孩子奶奶来带的了。（M 姓爷爷）
>
> 外孙嘛，我们家里就这一个，现在都是我们带着了，孩子爸爸、妈妈白天都要工作上班。他奶奶前几个月带了一阵子，但是他奶奶和爷爷都还在上班嘛，我和他姥爷都退休了，所以都让我们来带着了。（Z 姓姥姥）
>
> 平时都是我们带着孙女的，她外婆一个人，她外公嘛走了，所以也不太好带孩子，就我和她爷爷平时带着。带孩子嘛我们很愿意的呀，我们也没事做嘛，带带孩子还能充实一点自己生活啥的。（Q 姓奶奶）

其次，通过访谈发现，老人帮忙育儿也受传统"家"文化影响。如今的（外）孙辈已然成为家庭的"核心关注对象"，除去年轻父母，祖辈（爷爷、奶奶）以及外祖辈（外公、外婆）都同时愿意担任照料工作。（外）祖辈之间会互相体谅，如若对方因工作、疾病等原因无法帮助育儿，（外）祖辈的另一方也会积极承担帮忙育儿的工作。对（外）孙辈的照料任务的分担和协商凸显了大家庭的团结和互助，展现了中国传统的"家"文化。

最后，祖辈们帮忙育儿被认为是体现晚年自我价值、增添生活乐趣的方式之一。通过访谈也发现一些祖辈并不认为帮助成年子女育儿是件劳苦之事，他们认为带孩子能够充实自己的老年退休生活，孩子的欢笑与泪水能够增添生活乐趣。老人在育儿过程中见证幼儿的成长，也能够提升自我价值，证明自己年老退休后也可在育儿方面发挥光和热。

（三）隔代照料者的教养理念

在隔代照料过程中，由于各自生活时代背景不同，祖辈和亲辈往往在教养理念上存在差异。如今城市家庭中 0～3 岁幼儿的父母多为"80 后""90 后"，作为较为年轻的新一代具有属于他们的教养理念，而祖辈多为"50 后""60 后"，往往还持有老一辈的育儿理念，因此，教养理念存在差异在所难免。对于两代教养理念差异的探讨，主要有以下几点：首先，祖辈和亲辈在对待孙辈的健康教养理念上存在差异。许多帮忙育儿的祖辈多已步入老年人行列，对待自己尚且年幼的（外）孙辈更容易起溺爱心理，也不愿意孩子受苦。如孩子稍微有些咳嗽等症状，祖辈往往非常担心，认为必须重视，以免小病引起大病，需要立即带到医院看病。作为亲辈一代，往往认为孩子不需要过于关注，适时放任也是合理的，平时的小感冒、小咳嗽只需要吃些相应的感冒药即可，无须大惊小怪，这一点在笔者与老人的访谈中也得到体现。

> 孩子生病了就得赶紧去医院看看的呀，她爸爸、妈妈也不管，说什么三天小咳嗽嘛不用看病，吃点药就好了，那怎么能行的呀！他们总是把带小孩看得那么美好、那么轻松，以为放任孩子成长就行了。那我们嘛，带过的呀，就清楚实际上根本不是他们想得那么美好、那么轻松的！（Q 姓奶奶）

其次，通过访谈也可发现祖辈与亲辈在对待孙辈的营养摄入理念上存在差异。由于在 20 世纪五六十年代成长起来的祖辈们，多具有贫困和饥饿的人生经历，认为能够吃饱饭才能得到足够的营养，这一理念依旧存在于许多祖辈脑海中，于是祖辈们在育儿过程中总是害怕幼儿没有吃饱，必须喂饱饭才能保证足够营养（Jiang et al.，2007）。与之相比，许多新生代父母并不认为营养只有通过喂饱这单一方式才能实现，但我国几乎所有的家庭中由祖父母带养的孩子都经历过被催着喂饱饭才"罢休"的体验（Goh，2018）。因此，在对宝宝的科学喂养理念上，可以看出祖辈的"必须吃饭喂饱"理念和亲辈的"喂饱并非单一方式"理念存在一定差异。

> 我们是觉得孩子饿了嘛，就得多喂一些饭的，她爸爸、妈妈呢也不管，说什么不用给宝宝喂得这么饱，那怎么能行的呀！宝宝现在正在长身体，不喂饱怎么会长得好呢？反正宝宝给我带的时候我就给她喂得很饱的，就这样媳妇和儿子还说我们喂太多了！（H 姓奶奶）

最后，访谈后发现在孙辈的教育理念上，祖辈多信任并放权于成年子女。许多祖辈由于年轻时经济、时代等因素，自己的教育水平普遍没有成年子女高，认为自己也无法帮助孩子进行学习辅导，更信任子女的文化水平和学习能力，大多自动将孙辈的教育任务放权于孩子父母，祖辈则主要包揽孙辈生活上的教养任务。

> 学习上呢，老实讲，我们老了，也看不懂现在的书本知识了，这个还是得由她爸爸、妈妈来的，我们肯定不会弄的，我们就是给她吃饱吃好，学习上就让她爸爸、妈妈来负责的。（M 姓爷爷）

（四）隔代照料中的代际沟通

在隔代照料过程中，祖辈考虑到亲辈很难同时兼顾育儿和工作，从而选择帮助亲辈照料孙辈。亲辈作为祖辈和孙辈的"中间环节"，本应起到传达信息的"中枢"作用（黄健英等，2018）。但笔者通过对 10 位老人的访谈发现，祖辈和亲辈之间在沟通上往往面临困难，以下为访谈内容。

> 我和孩子妈妈沟通没用的呀，她妈妈性格脾气都很古怪的，只要一沟通就会发火吵架的。我们倒是和孩子爸爸沟通过，毕竟是我们自己的儿子嘛，那就说了呀，就是孩子妈妈无法沟通的！（H 姓奶奶）
>
> 和媳妇不敢沟通的，完全不好沟通的，和孩子爸爸也很难沟通的。毕竟我们这一代嘛，都隔了 30 岁了，他们和我沟通很少的。媳妇老是

说我哦，我还能怎么样呢，就只能生气了，沟通不敢的，就怕说了只会影响我们的关系嘛！（S姓奶奶）

我们和我女儿都住在一起带孩子的，我们和他们沟通上都没有什么差异的，很好的，没有什么问题的。平时有什么事情都是女儿直接和我讲，女婿也和我们聊得来的，没有什么沟通上的问题，挺顺利的。（M姓姥姥）

通过这些访谈内容可以发现，许多隔代照料人，尤其是爷爷、奶奶，他们与儿媳一方沟通情况相对而言更困难，与儿子沟通情况相对较好。外祖父母（外公、外婆）与家中的女儿、女婿沟通情况则均较为良好。代际沟通矛盾的产生可能有以下两个原因：一方面，祖父母多认为儿媳与自己的关系不及与娘家亲密，沟通上多"敢怒不敢言"。如今许多年轻妈妈秉持的科学育儿法与老人的传统经验育儿法有差异，彼此之间容易产生冲突、发生矛盾。然而，当矛盾发生后，老人出于家庭和睦的考虑，担心儿媳会心存芥蒂，最终多选择隐忍和退让，或者也只是背后抱怨而已，不敢与儿媳当面去进行沟通、化解矛盾。许多来自老人的怨气，儿媳也无从得知。另一方面，当代女性更懂得维护自己在家庭中的话语权。我国自古以来的"夫唱妇随""嫁鸡随鸡，嫁狗随狗"等谚语，都暗示妻子在夫妻关系中的"随从"位置，女性在家庭中的话语权并不高，需求常被忽视。然而，当代女性的话语权不似往常。在现代家庭中，相比过去，女性嫁入老公家后更懂得表达自己的需求、维护自己的利益。更有甚者，有些儿媳不懂尊重老人，在与老人发生矛盾时，儿媳往往选择不管不顾和忽视，也不想再耗心思去沟通。当家中的孙辈大部分时间交由祖父母照料之后，祖父母和年轻父母在教养理念上的差异更容易引发两代人的沟通问题。

（五）隔代照料对祖辈的情绪影响

众所周知，带孩子并非易事，尤其是0~3岁的幼儿正处于容易哭闹阶段，在祖辈照料中，孙辈的吃喝住行大部分时间都由祖辈负责，无疑需要祖辈花费大量的时间和精力。有研究表明，祖辈在帮助亲辈育儿时，往往容易产生两种情绪，一种是正性心理状态，如价值感、幸福感、责任感、憧憬未来等；另一种则为负性心理状态，如焦虑、失落、脾气暴躁、敏感多疑等（张田、傅宏，2017；郑观蕾，2017；穆光宗，2017）。笔者访谈的

10 位祖辈照料者也大致分为正性和负性两种情绪类型，具体见下文访谈内容。

> 自从带了我这孙子啊，我的生活全都被这孩子给绑住啦，之前没带的时候我还有一点自己的老年生活哦，还可以去跳跳舞、打打麻将娱乐一下；现在我是根本没时间啦，这孩子天天哭啊、闹啊，不听话，搞得我烦死了。哎哟，他老是哭，一哭嘛就搞得我心情就老是不好，本来之前都开开心心的，我现在都（被）搞得碰到一点事情就容易发火咧！（T 姓奶奶）

> 别说了，我这都 70 岁了，还得帮儿子带孙女，你说我这一辈子还能活多久啊，辛苦了这一辈子，结果老了嘛，还得帮忙带孙女。我儿子、儿媳他们呢，潇洒得很，自己跑出去旅游、去玩，孩子嘛他们都不管的，在家也就知道玩手机，带孩子带得我好累啊，他们也不懂，孩子嘛也不来主动和我们聊聊天，更不知道理解我们的苦闷！（Z 姓爷爷）

通过访谈可以发现，大多祖父母在带孩子过程中具有相对负面的情绪，且多认为年轻父母不理解自己，容易出现苦闷、烦躁、易怒等情绪。相比之下，与祖父母不同的是，外祖父母则倾向于拥有更加积极乐观的情绪，具体见下文访谈内容。

> 一天到晚虽然我们都在带孩子，辛苦是没有办法的，但是我和孩子姥爷就天天说好了，他负责天天买菜做菜，我就带孩子，分工好了的。孩子妈妈嘛也是我自己的女儿，很多事情上都还是可以互相理解的。（Z 姓姥姥）

> 我们嘛很喜欢外孙女的，毕竟我们就这一个外孙女，我女儿他们平时要上班，我就主动来帮忙带孩子，你看我外孙女，多可爱，她不知道给我和老伴儿多少开心呢。本来之前没带孩子嘛，在家都没意思的，现在有了这个小宝贝，她笑起来我都觉得好开心。那我也发挥了我的价值嘛，至少代表我还可以帮忙减轻家里带孩子负担嘛是不是？（M 姓姥姥）

通过访谈可以发现，照料孩子的情绪对于祖父母和外祖父母来说可能有所不同，祖父母相对外祖父母而言似乎更不易理解孩子父母，也更难沟通，从而更易产生消极悲观的情绪，自己也会感觉被孩子捆住老年生活。老人既希望能够充分得到自己自由的老年个人生活，又考虑到现实的家庭责任和义务，产生一种在当前隔代照料老年人中普遍存在的"矛盾情绪"（Ambivalence）。当这种"进退两难"成为常态后（Goh，2006），祖辈如何能够平衡自由和责任成为需要进一步探讨的议题。

外祖父母属孩子妈妈"娘家人"，更能贴切理解和心疼自己的女儿，情绪更加积极乐观。访谈中发现通过带外孙、外孙女，外祖父母这一方是能理解孩子父母的辛苦的，并且认为养育孩子能够给自己的老年生活增添乐趣，还能体现自己在家中育儿的价值感。此外，也有研究发现多代同堂的隔代照料人的负面情绪要多于仅由祖孙两代组成的家庭中的老人（程昭雯、叶徐婧子、陈功，2017）。

五 结语

本研究采用了问卷调查法和深入访谈法，并以后者为主，对我国城市家庭的隔代照料做出了初步的探索性研究。我们发现，一方面，在0~3岁幼儿城市家庭中，孩子由祖父母照料的三代同堂家庭结构较为普遍；另一方面，在隔代照料中，祖父母同样是需要关爱的一方。老人出于家庭情结和对亲人无私关爱等原因，抽出自己的退休时间帮忙育儿是件值得孩子父母尊敬的事情。同时，祖父母也希望得到来自孩子父母更多的理解和支持。访谈发现祖父母与孩子父母的沟通情况有待改善。孩子父母虽将主要精力放于工作，但也需要抽出一定时间主动与祖父母沟通，给予他们足够的理解、支持和关爱，这样也能够让祖辈在育儿过程中收获来自家庭的快乐和温馨。尽管由于访谈样本量过小的局限性，本研究的结论并不一定具有广泛的适用性，但是本研究通过初步的探索，仍然展现了当下中国家庭隔代照料的部分现状，可以作为今后相关研究的参考，对于"全面二孩"政策下的照料方式变化的探讨具有启示意义。

最后，针对新家庭结构转型下隔代教养中存在的问题，我们认为可以从以下几个方面加以改善。第一，祖辈和亲辈均需要突破沟通上的心理防线。由于不同的生活经历和教育环境，祖辈和亲辈持有不同的育儿理念在所难免。亲辈此时尝试沟通是解决冲突的一剂良药，而不是双方都选择隐忍，一次次的隐忍并不能解决好双方的矛盾与摩擦。祖辈相对于年轻一代的亲辈而言，表达自己感受的方式更为含蓄。亲辈作为晚辈可以更积极主动地找祖辈沟通聊天，通过双方的沟通，发现平时潜在的问题和矛盾，从而解决问题，也能减少不必要的摩擦与冲突。同时，祖辈也需要意识到自己的表达需求，面对不被理解时懂得自己有权利表达出自己的感受，这样才有利于家庭整体和睦，也能为孩子提供和谐的家庭氛围和成长环境。第二，照料孙辈的任务应该适当交还亲辈。例如，很多父母的职能和作用只有孩子自己的父母亲自实现才有成效和意义。如果让祖辈长期担负父母的照料责任，容易产生"隔代亲"现象，孩子会对祖辈产生更多的情感寄托和依赖心理，不利于孩子与父母的健康亲子亲密关系的形成。在 0~3 岁幼儿成长过程中父母双方的亲职角色非常重要。父亲角色会对幼儿的人格成长、社会模仿等方面产生深远影响，母亲角色则能给予幼儿在此阶段所需要的信任感和亲密感。父母亲角色长期由祖父母代替不利于孩子今后的人格发育及成长（肖雅勤，2017）。第三，祖辈和亲辈需根据实际情况分配好各自的照料内容。祖辈在教养孙辈时应该和亲辈分配好工作，不应全由祖辈或亲辈"一体式"包揽，可以根据彼此条件互相分配好对孙辈的教养内容。例如在幼儿今后的学习方面，大部分祖辈受教育程度未及亲辈，则亲辈可以主要负责辅导孩子的学习任务。亲辈在外集中精力于工作的时候，在家中照料孩子的主要为祖辈，后者可以更多分担家务，担当起生活照料起居等任务。第四，当地政府应该大力发展家庭社会工作领域人才建设，让更多家庭社会工作者可以有效地入驻家庭，例如开展祖辈小组社会工作及新手父母小组活动，为祖辈和亲辈培养新的教养理念做准备。社区里也可以设置"老年育儿课堂""家庭育儿课堂"等活动。通过动员基层社区的有需要的家庭来参加这些育儿知识活动，使祖辈也能了解到新的育儿观念，与亲辈的育儿观念及时沟通，也可减少祖辈和亲辈在照料理念上的差异，从而更好地促进隔代育儿中的家庭代际和谐。

参考文献

陈盛淦、吴宏洛，2016，《二孩政策背景下随迁老人城市居留意愿研究——基于责任伦理视角》，《东南学术》第 3 期。

程昭雯、叶徐婧子、陈功，2017，《中老年人隔代照顾、居住安排与抑郁状况关联研究》,《人口与发展》第 3 期。

郭筱琳,2014,《隔代抚养对儿童言语能力、执行功能、心理理论发展的影响:一年追
踪研究》,《中国临床心理学杂志》第 6 期。

黄健英、李宏、何丽碧、黄旭珊,2018,《广州市番禺区 0～3 岁儿童抚养方式及其影响
因素调查分析》,《广东医学》第 5 期。

李超、罗润东,2017,《老龄化、隔代抚育与农村劳动力迁移——基于微观家庭决策视
角的研究》,《经济社会体制比较》第 2 期。

刘汶蓉,2016,《转型期的家庭代际情感与团结——基于上海两类"啃老"家庭的比
较》,《社会学研究》第 4 期。

卢洪友、余锦亮、杜亦譻,2017,《老年父母照料家庭与成年子女劳动供给——基于 CF-
PS 微观数据的分析》,《财经研究》第 12 期。

卢乐珍,2004,《隔代教育的利与弊 (二) 四种隔代教育类型的对比分析》,《家庭教
育》第 10 期。

骆风、李远帆、宋广文,2014,《隔代教育:我国城市的现状分析及其走向》,《当代教
育科学》第 8 期。

马春华,2016,《中国城市家庭亲子关系结构及社会阶层的影响》,《社会发展研究》第
3 期。

穆光宗,2017,《让隔代抚养回归慈孝之道》,《社会治理》第 12 期。

石金群,2015,《当代西方家庭代际关系研究的理论新转向》,《国外社会科学》第 2 期。

宋璐、冯雪,2018,《隔代抚养:以祖父母为视角的分析框架》,《陕西师范大学学报》
第 1 期。

吴祁,2017,《农村进城隔代教养的祖辈信息寻求行为影响因素》,《理论研究》第 9 期。

肖雅勤,2017,《隔代照料对老年人健康状况的影响——基于 CHARLS 的实证研究》,
《社会保障研究》第 1 期。

张琦妍、李丹,2015,《国内外隔代照料之痛与对策分析》,《外国中小学教育》第 11 期。

张田、傅宏,2017,《隔代抚养关系中老年人的心理状态》,《中国老年学杂志》第 4 期。

郑观蕾,2017,《隔代照料者视角下的隔代照料——以广西富川瑶族自治县为例》,《云
南民族大学学报》第 2 期。

钟晓慧、郭巍青,2017,《人口政策议题转换:从养育看生育——"全面二孩"下中产
家庭的隔代抚养与儿童照顾》,《探索与争鸣》第 7 期。

Goh, E. C. L. 2006. "Raising the Precious Single Child in Urban China an Intergenerational
Joint Mission between Parents and Grandparents." *Journal of Intergenerational Relation-
ships* 4 (3): 6-48.

Goh, E. C. L. 2018. "'You Must Finish Your Dinner': Meal Time Dynamics between Gra."
British Food Journal 115 (3): 365-376.

Goh, E. C. L. Kuczynski, L. 2010. "'Only Children' and Their Coalition of Parents: Considering Grandparents and Parents as Joint Caregivers in Urban Xiamen, China. " *Asian Journal of Social Psychology* 13 (4): 221 – 231.

Guo Man, Iris Chen, Merril Silverstein. 2013. "The Structure of Intergenerational Relations in Rural China: A Latent Class Analysis. " *Journal of Family andMarriage* 75 (5): 1114 – 1128.

Jiang Jingxiong, Urban Rosenqvist, Wang Huishan, Ted Greiner, Lian Guangli, Anna Sarkadi. 2007. "Influence of Grandparents on Eating Behaviors of Young Children in Chinese Three-generationfamilies. " *Appetete* 48 (3): 377 – 383.

Luscher, K. , Pillemer, K. 2004. "Conceptualising and Uncovering Intergenerational Ambivalence. " *Contemporary Perspectives in Family Research* 14 (3): 23 – 62.

Luscher, K. 2002. "Intergenerational Ambivalence: Further Steps in Theory and Research. " *Journal of Marriage and Family* 164 (3): 585 – 593.

都市社会工作研究　第 5 辑

第 34～51 页

© SSAP，2018

认知症患者配偶负面照顾体验与服务对策研究

闫明月　　阳　方*

摘　要　认知症患者目前多是居家接受照顾，其配偶是其主要照顾者。身心尚需呵护的老年配偶在照顾认知症老伴的历程中产生了许多负面体验，其身心状况令人担忧。本研究对 11 名认知症患者配偶照顾者进行了半结构式访谈，深入了解了认知症患者配偶在照顾历程中产生的负面体验，并探讨了与认知症患者配偶相适切的社会服务。基于访谈资料的分析发现，认知症患者配偶经历的负面体验主要有：①诊断前，意外察觉与困惑不解；②去诊断，犹豫与不知所措；③确诊初，无奈接受与失落、担忧；④照顾中，身心俱疲与时空受限；⑤未来时，过一天算一天。据此，本研究结合社会工作视角提出从宣导预防、疾病筛查、疾病诊断、家庭支持、社区照顾、政策倡导等方面为认知症患者配偶提供较为系统和完善的社会服务，以减轻其照顾压力和促进其身心健康。

关键词　认知症　配偶照顾者　负面体验　服务对策

---

*　闫明月，上海市闵行区建设和管理委员会工作人员；阳方，上海大学社会学院社会工作系讲师，研究领域：老年健康、医务社工。

一　前言

认知症，俗称老年痴呆症①，尚无可治愈的方法，患者需要靠长期、专业的照护以延缓症状和延长寿命。由于长期护理机构及保险制度、政策的不完善，目前我国传统的家庭照顾仍是认知症患者长期护理的主要形式（柳秋实等，2012）。现实生活中，许多认知症患者只和配偶生活在一起，无子女照顾或子女照顾很少，这些认知症患者的照顾重任就自然落在了配偶身上。对于同样处于老年期的配偶来说，照顾认知症老伴虽是责任义务，但更是沉重的负担。有调查发现居家照顾认知症患者的配偶心理负担很重，焦虑抑郁情绪明显（付艺等，2007；侯红波等，2008），而且认知症患者照顾者年龄越大，负担越重（饶顺曾等，2002）。因而，处于老年期的认知症患者配偶照顾者同样是值得关注和研究的"隐形的患者"。

学术界对认知症患者照顾者的身心健康问题已有所关注，多是对认知症患者家庭照顾者的心理状况、照顾负担、照顾感受、社会支持及相关影响因素等方面的量化研究，而一些医学和护理学领域的学者们对认知症患者照顾者的照顾体验进行了质性研究，了解了认知症患者照顾者的内心感受或照顾体验的本质，发现亲属照顾者承受着较重的照顾负担和压力（白姣姣，2006；吴军等，2010；穆福俊、潘乃林，2012；柳秋实等，2012），这些都为本研究提供了重要参考。但无论是量化研究还是质性研究，研究对象多是不同年龄、不同角色组合的照顾者，异质性较高，较少有以认知症患者配偶照顾者这一群体为单独研究对象的，因而不能完全呈现认知症患者配偶这一群体的照顾体验和内心感受。另外，关于认知症患者照顾者体验的这些研究很少以照顾者的照顾历程为脉络，去探究照顾者从开始发现家人患病到家人确诊为认知症再到目前照顾患者的整个历程中所经历的不同的体验。如果能对一定年龄、家庭角色的照顾者进行研究，并以照顾历程为研究脉络，则更能为相应的研究群体提出具有针对性，且较为系统和完善的社会服务对策。

因而，本研究以认知症患者配偶照顾者作为单独的研究对象，运用半结构式访谈法，对其在照顾历程中所经历的负面体验进行探究，并结合社

---

① 在访谈时，我们使用大家熟知的老年痴呆症一词，因此，文中为叙述方便，仍使用该词。

会工作专业视角探讨与这个群体相适切的社会服务，以减轻其照顾压力和促进其身心健康。

二　研究对象与方法

（一）研究对象的选择

为了使研究更客观、更真实，研究结果更有价值和意义，最终的研究对象人数是按照资料"饱和原则"确定的，从更广、更多的层面解读认知症患者配偶照顾者的负面体验。在研究对象的选择上，将严格按照以下要求进行选择：①研究对象为认知症患者配偶，且是患认知症老伴儿的主要照顾者；②认知症患者已确诊，患病期间基本在家里接受照顾；③配偶照顾时间至少为 36 个月，36 个月以上的照顾经历能基本保证研究者对照顾者的照顾历程有一个纵深的了解，能丰富对照顾者负面体验的研究，也有助于对照顾者的支持服务需求有系统的了解；④符合以上要求、能进行语言交流、有时间并愿意接受访谈的老年配偶照顾者。

研究者在上海市向认识症家庭提供社会服务的某非营利组织的帮助下，获得了一些符合上述研究对象要求的患者和配偶照顾者的基本信息，遵循资料的"饱和原则"，最终从中选取了 11 位生活在上海市的认知症患者配偶照顾者作为研究对象，其中包括 5 位男性配偶照顾者和 6 位女性配偶照顾者。

（二）研究对象的基本情况

11 位认知症患者都是确诊过且目前处于重度认知症阶段的老人，经历了从自理到目前半自理或完全不能自理的过程，曾经或现在有记忆力及认知差、语言重复、幻觉、暴走、躁动等精神或行为症状。这里的研究对象，即配偶照顾者，都是与认知症患者有法定的夫妻关系，并长期（36 个月以上）在家里照顾认知症老伴儿日常生活的配偶，也是家里的主要照顾者。在 11 位配偶照顾者中，最大年龄为 90 岁，最小年龄为 64 岁，平均年龄约 75 岁；最长照顾时间近 14 年，最短照顾时间近 3 年，平均照顾时间近 8 年；大多配偶全天进行照顾和陪伴老伴儿，社交频率很低，自身还患有某些慢性疾病。

为了保护研究对象的隐私，对女性配偶照顾者分别编号为 F1、F2、F3、F4、F5、F6，相对应的认知症患者编号分别为 m1、m2、m3、m4、m5、m6；对男性配偶照顾者分别编号为 M1、M2、M3、M4、M5，相对应的认知症患者编号分别为 f1、f2、f3、f4、f5。表 1 和表 2 分别是认知症患者和配偶照顾者的基本情况。

表 1　认知症患者基本情况

患者编号	性别	年龄（岁）	受教育程度	退休前职业	确诊年份	患病时长	曾有或目前有的精神或行为症状	目前自理状况	目前其他情况描述
f1	女	63	初中	在食堂工作	2012	近 5 年	记忆力及认知差、狂躁、幻觉、幻想	不能自理	不认识丈夫，能简单沟通，但没有逻辑，能自主行走
f2	女	80	小学	纺织工	2010	近 7 年	记忆力差、幻觉	不能自理	不能沟通，对丈夫熟悉，不能自主走，吞咽功能差，有噎食的风险
f3	女	70	大学	老师	2014	近 3 年	记忆力差、语言重复	半自理	认识丈夫，能做简单沟通，心脏病，做过手术，左腿换过假肢，只能轮椅或卧床
f4	女	89	大学	老师	2005	近 12 年	记忆力及认知差、语言重复、幻觉、偶尔躁动	不能自理	不认识丈夫，能行走，能做简单沟通，但没有逻辑，有跌倒的风险
f5	女	82	大学	老师	2004	近 13 年	记忆力差、语言重复	半自理	认识丈夫，能自主行走，能简单沟通，逻辑不太清楚
m1	男	79	大学	研究员	2006	近 11 年	记忆力及认知差、狂躁、幻觉、幻想、暴力	不能自理	不认识妻子，不能沟通，坐轮椅或卧床，有噎食风险
m2	男	78	大学	工程师	2010	近 7 年	记忆力及认知差、躁动、狂躁和暴力	不能自理	不认识妻子，患有高血压、糖尿病和关节炎，能简单沟通，但逻辑不清，能自主走，但不平稳，有跌倒风险
m3	男	71	大学	老师	2003	近 14 年	记忆力差、暴走、躁动	不能自理	不认识妻子，不能沟通，坐轮椅或卧床，身体歪斜，四肢僵硬，吞咽功能差，有噎食风险，患有窦房综合征

续表

患者编号	性别	年龄（岁）	受教育程度	退休前职业	确诊年份	患病时长	曾有或目前有的精神或行为症状	目前自理状况	目前其他情况描述
m4	男	73	成人大学	工人	2005	近 12 年	记忆力差、幻觉	不能自理	不能沟通，不认识妻子，能自主行走，但稳定性差，吞咽功能差，常流口水，有跌倒和噎食风险
m5	男	79	大学	工程师	2013	近 4 年	记忆力和认知差、幻觉	不能自理	有时不认识妻子，能简单沟通，但逻辑不清，能自主走，患小中风，有中风危险
m6	男	77	大学	老师	2013	近 4 年	记忆力差、晚上会突然大叫	不能自理	有时不认识妻子，能简单沟通，自己不能穿衣，走路要搀扶，有跌倒风险

表 2　配偶照顾者基本情况

配偶照顾者编号	性别	年龄（岁）	受教育程度	退休前职业	身体状况
M1	男	64	初中	电工	前列腺癌
M2	男	80	初中	在工会工作	消化不好
M3	男	73	大学	老师	无明显病症
M4	男	90	大学	设计师	胰腺有问题，腿脚不灵便
M5	男	84	大学	办公室主任	无明显病症
F1	女	73	初中	会计	心脏病、抑郁（曾经）
F2	女	74	初中	测试员	膝关节炎，长期疼痛
F3	女	66	大专	卫生老师	高血压、白内障（已做手术）
F4	女	73	成人大学	在工厂工作	脑积水
F5	女	78	大学	高级工程师	腿疼痛无力，眼花耳背，有点白内障
F6	女	72	大专	教育局招生老师	无明显病症

（三）资料收集、分析方法

本研究主要运用半结构式访谈法，因而研究者在实施研究前，会紧扣研究目的和研究内容，制定好半结构式访谈提纲，以访谈提纲作为和研究对象深入交谈的支持工具，从而获取和研究内容相关的文字性资料。

资料收集完毕后，研究者运用定性访谈资料常用的分析方法——Colaiz-zi分析法，对录音资料进行整理和分析。具体分析步骤：①仔细阅读所有资料；②析取有重要意义的陈述；③对反复出现的观点进行编码；④将编码后的观点汇集；⑤写出详细、无遗漏的描述；⑥辨别出相似的观点；⑦返回参与者处求证（Colaizzi，1978）。

三 认知症患者配偶照顾者的负面体验分析

根据对11位研究对象访谈资料的分析，我们发现认知症患者配偶的照顾历程可分为诊断前、去诊断、确诊初、照顾中、未来时这五个阶段，而且在每个阶段，认知症患者配偶经历了不同的负面体验，主要是：①诊断前，意外察觉与困惑不解；②去诊断，犹豫与不知所措；③确诊初，无奈接受与失落、担忧；④照顾中，身心俱疲与时空受限；⑤未来时，过一天算一天。

（一）诊断前：意外察觉与困惑不解

患者在诊断前，某些认知症症状就已经表现出来了，而患者和配偶经常生活在一起，一旦频繁地表现得不对劲儿和反常，就会引起配偶的察觉，而配偶也会对老伴儿的反常产生困惑。

1. 意外察觉

在去诊断前，老伴儿不寻常的言行举止会引起配偶的察觉，如对老伴儿记忆力不好、行为不对劲、多次迷路、性格大变等的察觉。

（1）对记忆力不好的察觉

> 我发现他记忆力就不好，以前他记忆特别好的。他是研究员，但有一段时间我就发现他不对劲儿了，他刚放好的东西，就问我放哪里了。（F1）

> 我刚看到她把手绢放柜子里了，她一会儿就说手绢不见了，问我放哪里了。经常性这样，要不然就天天说她的发卡找不到了，总是丢三落四的。起初没在意，后来她就总是记不起东西放哪儿了，我就感到奇怪了，她以前并不是这样的。（M4）

（2）对行为不对劲儿的察觉

　　我们家都很干净讲究的，手巾和脚巾都是分开使用的，他有一天就拿手巾擦脚，我当时就生气了，就问他怎么拿手巾擦脚呢，他就说没注意，我当时也没太在意，这是第一次发现他不对劲儿。第二次就是他在家里做饭，我刚回家也很高兴，他说做了三菜一汤，汤已经做好了，我就进厨房，他说他在做汤，我就感到不对劲儿了，因为他做的不是三菜一汤，是三汤一菜，这肯定就不对劲儿了啊。第三次我发现不对劲儿，就是他是老师，会请学生到家里补习，然后我发现他不讲题，总是在重复说"你要好好学习，好好听课"，那我听着也不舒服，你不好好讲题，都是讲些无厘头的话，我就觉得老伴儿应该有问题了。（F3）

　　除记忆力不好，她还总是对着镜子问我里面的那是谁，要不然就是和镜子里的人吵架，还对我说那个人要害她，你想想那个镜子里的人就是她啊，我就感到莫名其妙了，当时不理解啊，现在才知道她这是幻觉。（M2）

　　他有好几次饭都烧煳了，当时没在意，记得有一次要出去旅游，他衣服不会整理，以前买菜、做饭这些家务活儿他样样都能干得来的。（F5）

（3）对多次迷路的察觉

　　他有一次就在小区里溜达，逛了很久还没见他回来，不知道怎么回事他就回来了，给我说找不到回家的路了，我当时没在意，以为他开玩笑。以后呢，他就经常回来很晚，我感到他这是经常性迷路了，也不敢再让他一个人出门了，他自己也不敢了。（F4）

（4）对性格大变的察觉

　　他和儿子沟通不到一块儿，以前都挺好的，但是就发现他脾气暴躁，和儿子之间容易起冲突。以前他从来不哭的，但后来发现他内心很脆弱。当时记得去了澳大利亚儿子那儿，儿子刚到澳大利亚，生活很艰苦，住的房子也不像上海家里那么大，我和老头睡在床上，他和儿媳睡在地下，老头看了就掉眼泪，说要回去。到后来严重的时候，他就变得胆小了（F1）

2. 困惑不解

大多配偶听说过老年痴呆症，即认知症，但对这个疾病及其症状可能并不十分了解，一般不会、也不愿意将老伴儿的异常往认知症方面猜想，而且配偶往往会将老伴儿以前的健康状态和现在的反常状态做对比，所以配偶会非常困惑不解。

老年痴呆症我听说过，老伴儿在工厂里工作，记忆不好，他同事就说你是不是脑子有病啊，老伴儿自己很生气，因为他觉得受到了屈辱啊。我听说过，但不晓得他这就是老年痴呆症啊，我当时怎么也不会往痴呆症方面想。（F4）

我就是想不通啊，我的老公以前是研究员，记忆力特别好的，他好好的一个人怎么会这样子，我想不到，也想不通。其实也很想知道他到底怎么了，不过心里又害怕，我也不希望他有什么毛病啊，心里一直放着这个事儿。（F1）

（二）去诊断：犹豫与不知所措

有的配偶会猜测老伴儿可能患上了认知症，但认知症往往会让人产生病耻感，不但自己，老伴儿也会很难接受这个猜测，所以在去诊断这个阶段，配偶会犹豫要不要告诉老伴儿自己的猜测，也不知道如何让老伴儿去配合做一些与认知症诊断相关的检查。

1. 犹豫——要不要告诉老伴儿自己的猜测

根据老伴儿经常出现记忆力不好、迷路等情况，配偶心里也会有个猜测，猜想老伴儿可能患上了认知症，但要不要告诉老伴儿这个猜测，是一个难题。

我想着他的这个症状可能就是认知症，也就是我们所说的老年痴呆症，但我不知道要不要告诉他啊，而且我也不确定。告诉他吧，他

自尊心很强，也总觉得这个病，面子过不去；不告诉他吧，他说自己没病，干吗去检查。（F2）

2. 不知所措——如何让老伴儿配合检查

既然发现老伴儿不对劲，配偶也不能视而不见，心里的困惑还是要解决的，所以发现老伴儿不正常后，配偶就想着让老伴儿去医院进行检查。但该怎么让老伴儿配合去做一些和认知症相关的检查呢，这也是一个难题。

不检查不行啊，总不能拖着，我也担心他会有什么毛病，可是我又不知道该如何劝他。（F2）

一和她谈要去检查的话题，她就说她年纪大了，记忆力不好很正常啊，老人都这样。她这样说，我就没法和她沟通了，她总是在否认和逃避这个话题。（M5）

（三）确诊初：无奈接受与失落、担忧

得知老伴儿患上认知症的确诊结果，配偶只能无奈接受这个现实。但认知症是一个特殊疾病，目前不能治愈，只能靠药物和护理延长生命，因此配偶会产生很大的失落感。家里毕竟多了一个患者，原先平静的生活被打乱了，配偶也会担忧以后的生活该怎么办。

1. 无奈接受——怎么会得这个病

在老伴儿诊断之前，不管配偶是否猜测到老伴儿有患上认知症的可能，在老伴儿被确诊为患上认知症之后，配偶起初都是不能接受的。

诊断后，医生说是大脑萎缩，也就是认知症。但我还是不敢相信，老伴儿怎么会得这个病，他之前都好好的。我听到这个病的时候，多少知道治不好，心里特别难受。（F3）

医生告诉我之后，我还是不敢相信的，心里就特别堵，那种滋味说不上来，谁也不想亲人得病，很无奈。（M2）

2. 失落——治不好

从医生那里得知认知症治不好的消息，配偶会产生很强的失落感。

检查出这个病，我当时就问医生，让医生说实话，因为这个病治不好，就问医生老伴儿能活多少年，医生说3~7年，我当时心里很失落，眼泪就立刻掉下来了，这意味着7年后，老伴儿就要离开了，那我不能接受。（F3）

3. 担忧——以后该怎么办

配偶面对这样一个确诊结果，对以后的生活也会有所担忧。

我也想了，既然老伴儿得这个病了，只能去接受，可是我还是很害怕的，这个病治不好的，那我就很担忧以后啊，不敢想以后。（F1）

（四）照顾中：身心俱疲、力不从心

配偶照顾者其实最大的照顾压力还是在照顾中阶段，也会有较强的负面照顾体验。配偶虽然接受了老伴儿患有认知症的事实，但照顾老伴儿是一个艰苦而漫长的过程。在这个过程中，会遇到各种照顾问题，如不知道如何和老伴儿沟通，不知道如何应对患者的精神和行为症状，不知道向谁去咨询照顾中遇到的问题，等等。另外，配偶照顾者作为主要照顾者，几乎和老伴儿捆绑在一起，没有自己的时间和空间，社交频率低之又低。这些都让配偶照顾者身体劳累，其心理层面也会承受各种压力。

1. 身体劳累

配偶由于自身年纪很大，生理功能减退，有些配偶还患有某些慢性疾病，但由于家庭各种原因，只能自己去照顾认知症老伴儿。而认知症患者不像其他疾病患者一样靠吃药打针就能立刻好起来，随着病期的延长，患者的身体会慢慢僵硬、吞咽功能变差、精神行为症状加重、大小便不能自理，甚至会残疾，这对于配偶照顾者来说，越来越艰难的照顾需要他们付出长期和更多的体力劳动，而他们的劳累感是最经常有的一个体验。

我这么大年纪了，自己也有病，我的两个膝关节都要靠吃中药调理。家里就只有我们两个，我除了洗衣、做饭，要照顾他，还要天天给他换洗衣服和床单，因为他大小便不能自理，我累啊，体力真的跟不上。（F2）

　　她现在一般都是卧床或坐轮椅，她要大小便或上下床，我根本搬不动她，她身体全都是僵硬的，我没有那么大的力气。（F2）

　　给他洗澡，他不配合的，我哄他，但是我怕他摔倒，因为他要反抗的，我一个人就搞不来，又要哄他，又要给他洗澡，我感觉好累。（M1）

2. 心理压力

认知症患者所需要的照顾时间和强度，要远远高于正常老人，而配偶照顾者不仅要付出体力，还要付出心力，没有人能代替自己去照顾，也无处宣泄自己的不好情绪，只能去默默承受这一切，其背后的辛酸是很多人无法想象的。日复一日，没有尽头的照顾让他们产生了各种心理压力。

（1）焦虑——不见好

　　我想让她的症状减缓一些，我就去找各种医院、找知名医生去看，也给她吃了很多药，但没有见好，我特别着急，也很焦虑，总想着社会上赶紧研制出一种药，让她好起来。（M2）

（2）无助——没人帮

　　我有时觉得对不起她，怎么办呢，我年纪这么大了，只好我们两个都去养老院，儿子在国外，没人能帮我。（M4）

　　社会上没有人同情我，认为认知症是精神病，他们不理解，社区也没有人关心我，我感到特别无助。（F3）

（3）委屈——不得已为之

　　有一次他靠着门看电视，站着就尿下来了，我就赶紧给他换衣服、拖地，搞好了，他又尿了，我特别生气，就打了他后脑勺，他一脸无辜地看着我，我看着他这个样子，当时就掉眼泪哭起来，我很后悔，但我也很委屈，他这么不听话……还有一次，他晚上大叫，吵得邻居敲门来投诉，我实在没办法，就用布塞住他的嘴，他是个人，我这样对他真的是不得已。如果家里失火了，我能打 119，家里人需要急救，

我能打 120，可是他晚上止不住大叫，我打什么电话求救，我真的不知道怎么办才好。（F3）

（4）抱怨——为什么是我

我有时也在想，为什么这事落到我头上了，这是命啊，我只能接受，要不然谁管他啊，他也很可怜。（F4）

怨言肯定有的，上半生他对我很好，肯定是欠他债了，下半生让我来还。（F3）

（5）愤怒——不配合

我照顾这么长时间，当然也有生气的时候，他洗澡不配合，折腾你，我一急也会吵他……以前理念没有转变过来，和他讲不通，我就和他吵，很生气、很愤怒。（F1）

（6）压抑——无处宣泄

照顾这样的人，真的是从身体和心理两方面折磨你，吃喝拉撒睡，都得处处照顾他。时间久了，我真的吃不消，心里真的很难过、痛苦、无助和无奈，没有倾诉的地方，精神上得不到支撑……我很压抑，睡眠不好，情绪、脾气也不好，我只能把女儿当作我的出气筒，没有人关怀我，我甚至到最后都有点厌世了。（F3）

和谁说呢，没有人能帮你，没有人能代替你去好好照顾他，内心很痛苦。讲了也没用，没有人能体会，因为事情没有发生在自己身上，是体会不了的，人家理解不了你的难处。（F1）

3. 时空占用——没有"我"

配偶照顾者到了老年这个阶段，本来社交频率就会降低，但要照顾认知症老伴儿，就更没时间参加社交活动，甚至会放弃自己的休闲时间和兴趣爱好，把生活重心都倾注于照顾老伴儿方面，几乎全天陪伴、照顾老伴儿。配偶照顾者没有自由支配的时间，也没有属于自己的空间，跟着老伴儿的需要走，围绕着老伴儿的问题转，为老伴儿而活着。可以说，配偶照顾者和其老伴儿是一个共同体，没有真正的"我"。

> 我特别想加入一个合唱团，当时也加入了，老伴儿和我一起，但老伴儿病情越来越严重了，我们只能退出了。（F3）
> 我们也不缺钱，退休了，能走动，出去旅游多好，但是他这个样子，我自己一个人也不好出去玩。（F4）
> 我儿子说带我去国外旅游，我自己也年纪大了，但我主要放心不下她，所以就没去。（M2）

（五）未来时：茫然

在问到配偶照顾者未来打算时，配偶照顾者多是给出"没有什么打算"和"过一天算一天"的回答，但目前他们都坚决不会把老伴儿送进养老院接受照顾。总之，他们对未来是茫然的，更多的是"过好当下"的态度。

> 未来的打算啊，过一天算一天，我现在还能照顾她，遇到问题就去解决，不能照顾了再说，我也没考虑到未来。（M1）
> 现在我还能照顾，还没考虑把老伴儿送进养老院，我也不愿意，好的养老机构哪儿有，之前我们住进过去几个月，现在又"逃"回家了，在那儿待不习惯。（f5）
> 你要是问我未来的打算，我也想过，我就想好好照顾老伴儿，我也跟自己的女儿说，如果我患了癌症，能走到哪个阶段就到哪个阶段，如果患了这个病，我就想结束自己的生命，不给女儿增添麻烦……（F3）

配偶虽然坚持照顾了老伴儿这么多年，但在整个照顾过程中，经历了一系列的负面体验，自我能量其实在不断消耗，处于一个吃力受损、不断弱势的状态。一方面，"照顾"事件本身是一件费力不讨好的苦差事，何况认知症是一种特殊的疾病，照顾的难度和无期限在一点点吞噬配偶的体力和心力，而且配偶自身也上了年纪，较容易被拖垮。另一方面，配偶照顾老伴儿的过程中基本没有物质奖励，也没有精神激励，更缺乏求助途径，身心健康及生活质量受到严重影响。这也从侧面反映出认知症患者配偶照顾者急需支持服务，而社会上缺乏与这个群体相适切的较为系统和完善的社会服务。

四 认知症患者配偶照顾者的服务对策

基于对认知症患者配偶照顾者在不同照顾阶段的负面体验分析，笔者发现配偶照顾者需要疾病知识支持、诊断前支持、确诊初危机干预支持、时空喘息支持、情感支持等。因此，笔者倡导除个人发挥自身能动性外，还要运用好家庭、社区、医院、政府、社会服务机构和同类家属照顾者等这些外力，结合社会工作视角提出宣导预防、疾病筛查、疾病诊断、家庭支持、社区照顾、政策倡导等服务对策。

（一）宣导预防服务

笔者从访谈中了解到一些患上认知症的老人都是突然被发现有认知症症状的，家庭照顾者也大都感到困惑不解。可见，在社会支持上，有必要关口前移，做好宣导预防，给那些还没有患上认知症的老人打上一剂"预防针"要比对那些已经被确诊为认知症的老人及其家庭照顾者再提供支持要重要得多。

宣导预防可以算是诊断前的一个支持，就是在社区内通过知识讲座、手册或简报等多种宣传的形式，对社区居民普及认知症相关知识，教授居民认知症预防方法、技巧等，或通过定期举办各种健脑益智的社区活动以加强对认知症疾病的宣传和预防。宣导预防的工作鼓励社区、医院和社会服务机构共同合作进行，如社会服务机构可通过公益项目的形式邀请相关认知症专家、医生来社区进行知识讲座，社会服务机构可以和社区共同开展认知症疾病宣传活动，向居民发放与认知症相关的手册和简报等。

宣导预防可以达到以下目的：第一，宣导预防可提高老人对认知症的警惕意识，加强预防，远离认知症，以免在未来给家庭成员带来照顾困扰。第二，宣导预防可帮助人们及时发现、识别自己身边老人的症状，使有相关认知症症状的老人及时接受诊断和治疗。如果是自己的亲人有认知症症状，家人对认知症有所了解也可做好充分的心理准备。第三，对于家中已经有认知症患者的照顾者来说，可以学习相关的照护技巧，减轻照顾阻力。

第四，宣导预防可纠正社区居民对身边认知症患者原有的偏见，从而对周边认知症患者给予理解、关爱和尊重。

（二）疾病筛查服务

在访谈中，笔者了解到由于轻度的认知症不会产生较为明显和严重的症状，老人即使出现了认知症症状，也不易被配偶察觉和发现，再加上老人自身和配偶缺乏对认知症疾病的认识，也很难判断老人是否患上了认知症，最后等发现的时候，一些老人就已经处于认知症的中后期了，老人不仅耽搁了诊断和治疗，其配偶也一时难以接受。

而疾病筛查可以算是诊断前的另一个支持，即通过某些专门的认知症量表如 MMSE 简易智能精神状态检查量表对社区内老人进行初步筛查，但这只能筛查出疑似认知症的患者，有认知症倾向的老人还需要进一步去医院进行确诊。疾病筛查能达到早发现、早治疗、慢发展的目的，并鼓励、督促初步筛查出的老人去医院进行正规诊断和治疗。疾病筛查工作可以由社会服务机构、医院和社区联合起来做，医院可以推荐一些筛查效果比较好的专门量表，而在社区居委会的协助下，社会服务机构可以发展志愿者进入社区对社区内老人进行认知症筛查。

（三）疾病诊断服务

疾病诊断服务包括去诊断服务和确诊初服务。疾病去诊断服务是指在配偶察觉老伴儿不对劲儿后进行干预服务。在这个时候，配偶照顾者不知道要不要或如何告诉老伴儿自己的猜测，也不知道如何让老伴儿配合自己去进行认知症相关的检查，这时社会工作者可以介入干预，为配偶出谋划策或帮助配偶咨询医生专家，以使配偶消除顾虑和困惑。此外，在这个时候，社会工作者也可以为配偶照顾者提供附近的就诊医院和看诊时间等信息。

疾病确诊初服务是指老人被确诊为认知症后，为配偶照顾者提供及时的危机干预服务。老伴儿一旦被确诊，大多配偶照顾者一时接受不了，再加上疾病的不可治愈性和生存期的不可确定性，配偶照护者容易失落和产生对未来的担忧心理。医生或社会工作者要做好家属的心理疏导工作，帮助家属接受这个现实，或为其提供治疗和照顾建议，使其做好长期治疗和照顾的思想准备工作。

（四）家庭支持服务

配偶照顾者在照顾中阶段遭受的身心压力最大，对配偶提供家庭支持就显得尤为重要。家庭支持是指为配偶照顾者提供心理关怀、精神激励等情感性支持，提供家政服务和信息咨询服务等工具性支持以及帮助配偶照顾者规划未来养老生活等特殊性支持，以为配偶照顾者提供强大的照顾动力。

社会工作者可以运用专业方法为配偶照顾者提供家庭支持。社会工作者可以通过个案工作方法以了解配偶照顾者当下遇到的照顾困难，帮助其链接所需的信息资源、人力资源等；或帮忙处理家庭关系，对其进行精神激励，以加强配偶照顾者的责任义务感、自我价值感；或对配偶照顾者进行心理干预，帮助其转变照顾理念，树立生活信念，缓解其焦虑、无助、委屈、抱怨、愤怒和压抑等不良情绪。通过访谈发现，配偶照顾者对未来往往是茫然和过一天算一天的态度，缺乏对未来的打算，因而社会工作者还可以和配偶照顾者一起制定未来的养老计划，让配偶照顾者对未来生活充满信心。另外，社会工作者可以运用小组工作方法，让有相似经历的认知症患者配偶照顾者们聚在一起，组成支持性、互助性小组，让照顾者之间相互倾诉、分享照顾感受和交流照顾经验，这不仅容易引起配偶照顾者们之间的情感共鸣，让照顾负担比较大的照顾者得到精神抚慰和增强照顾动力，也可以帮助照顾者找到解决困境的方法和途径。照顾者们在自愿的情况下还可以通过网络（微信、QQ、博客等）、电话、短信等各种形式保持联系和沟通，以相互鼓励和帮助。

社会服务机构可以建立电话热线，以为有需要的照顾者提供信息咨询服务，也可以邀请一些医生专家、护理专家、心理咨询师等到社区开展认知症照护知识讲座，针对配偶照顾者常遇到的照顾问题提供照顾技巧及对策，还可以搭建微信、QQ等网络平台，针对患者日常生活中或容易出现的问题，让各类相关专家们在线为家庭照顾者培训相关的护理知识以及与认知症亲人沟通的技巧和应对认知症亲人精神及行为症状的方法等。

（五）社区照顾服务

这里的社区照顾借鉴的是社会工作专业中的"社区照顾模式"（王思斌，2011），也包括"社区内照顾"和"由社区照顾"两部分内容。"社区内照顾"是指在认知症患者较多的社区建立小型的认知症患者日间照料服务中心，这不仅可以让患者在熟悉的社区环境里接受专业照顾和护理，也可以给配偶照顾者喘息的时间和空间。"由社区照顾"是指发动社区内亲朋好友、志愿者等通过上门服务的形式对认知症家庭，尤其对由配偶照顾的认知症家庭提供帮助，如帮助照顾者打扫卫生、洗衣做饭、购物等，这不仅能发挥非正式的照顾作用，也能形成和谐关怀的社区氛围。

（六）政策倡导服务

面对认知症患者越来越多和配偶照顾者群体特殊性的现状，政府应该对这一群体加大关注和支持力度。第一，倡导政府对一些贫困的认知家庭除了提供经济支持外，还应该在宣导预防、疾病筛查、疾病诊断、家庭支持、社区照顾等方面加大资金、政策支持，尤其要发挥社会服务机构的重要力量，通过购买社会服务的形式，为配偶照顾者群体提供必需的公益支持服务。第二，出于机构养老成本高或对养老服务不满意的原因，大多配偶照顾者不愿意将老伴儿送进养老院，因而倡导政府制定一定的标准，出台由老年配偶照顾的认知症患者机构养老费用减免或扶持政策。此外，倡导政府出谋划策提高整个社会养老机构的专业化、人性化服务水平，让老人入住养老机构放心、安心、舒心。第三，倡导在老人体检的内容中加入与认知症疾病相关的记忆筛查等项目，以提高认知症疾病的筛查率和就诊率。

五 讨论

本文将认知症患者配偶照顾者的照顾历程作为研究的脉络，从而去了解配偶照顾者在整个照顾过程中的体验，并从整个照顾历程角度去探究配偶照顾者的社会服务需求。通过对 11 位配偶照顾者的访谈，研究者发现配偶照顾者在照顾中阶段的身心压力巨大，所以，研究者认为在宣导预防、疾病筛查、疾病诊断、家庭支持、社区照顾、政策倡导这些服务对策中，尤其要加大对配偶照顾者的家庭支持力度，将家庭支持服务落实到位，对配偶照顾者提供充足的情感支持。而为了防止更多认知症家庭的出现，社区、医院、政府和非营利社会组织应该齐心协力，将关口前移，做好宣导预防和疾病筛查服务。

另外，在上海这样的大都市，社会工作专业服务开展已具有一定规模，但在目前认知症患者日益增多、配偶照顾者困境凸显的现状下，社会工作介入这个群体的服务还没有大规模开展，经济较落后的地区，尤其是农村地区，所涉及的相应群体的社会服务就更少。政府应该加大对社会服务机构的资金扶持，加大对偏远农村地区的认知症家庭的关注，以为认知症患者配偶照顾者乃至更多的认知症家庭提供社会服务。

本研究没有谈及认知症患者照顾者的正向体验，具有一定局限性。认知症患者照顾者的照顾体验不仅有负面体验，其正向体验同样具有研究价值，希望今后能对认知症患者配偶照顾者的正向体验进行研究，从而从正、负两方面体验出发为认知症患者配偶照顾者这类群体提出更为完善的服务对策。

参考文献

白姣姣等，2006，《对老年痴呆亲属照顾者真实体验的质性研究》，《中华护理杂志》第
 12 期。

付艺等，2007，《认知老人配偶的心理负担及相关因素》，《中国心理卫生杂志》第 3 期。

侯洪波，2008，《认知老人配偶的心理负担与社会支持度的相关性研究》，《中国民康医
 学》第 4 期。

柳秋实等，2012，《基于 Lazarus 压力—应对模式的居家认知老人配偶的照顾体验研究》，
 《Chinese General Practice》第 2B 期。

穆福俊、潘乃林，2012，《老年痴呆患者家庭焦虑照顾者体验的质性研究》，《护理管理
 杂志》第 6 期。

饶顺曾等，2002，《社区痴呆患者的家庭照料者心理状况研究》，《四川精神卫生》第
 16 期。

王思斌，2011，《社会工作导论》（第二版），北北京大学出版社。

吴军、于芸等，2010，《社区老年认知照护者体验的现象学分析》，《中国社会医学杂志》
 第 4 期。

Colaizzi，P. 1978. *Psychological Research as the Phenomenologist View It.* New York：Oxford U-
 niversity Press.

都市社会工作研究　第5辑
第52~65页
© SSAP, 2018

社会工作督导在学生实习中的教育
功能和支持功能探讨

陈彩霞*

摘　要　教育功能和支持功能是社会工作督导作用的重要内容。本文结合笔者自己对社工实习生进行督导的经历，探讨了教育功能和支持功能发挥作用的一些问题。笔者认为，社工督导是基于学生专业成长的需要，有针对性地对学生实习中的问题和困难进行回应，在此过程中发挥教育功能和支持功能。教育功能主要体现在以下方面：引导学生通过实习建立专业认同、对具体的工作方法的指导、探讨跟社工伦理相关的问题、回应学生遇到的其他困惑。而支持功能体现在：帮助学生度过实习初期的惶惑阶段、在学生遇到特殊的实习情境时予以情感支持、帮助学生度过实习中的倦怠期、帮助学生建立良好的实习氛围。教育功能和支持功能是结合在一起、相互促进的。最后，笔者也对社工督导的局限进行了反思。

关键词　社会工作督导　教育功能　支持功能

---

*　陈彩霞，上海大学社会学院社会工作系社工督导、副教授。

一 引言

行政功能、教育功能和支持功能是社会工作督导的重要内容。对于社会工作学生的实习来说，行政功能是帮助学生达成实习机构/单位与学校的要求，教育功能是帮助学生发展分析思维、结合实务与理论、反思理论的适用性、解释工作技巧的运用、树立正确的服务态度、认识个人性格行为的强弱点与盲点、处理牵制发挥个人和社工功能的因素。支持功能主要是在情绪上提供支持，帮助学生处理工作上遇到的挫折感、焦虑、急躁等的负面情绪。三种功能的发挥，对于学生树立社会工作认同、接受社会工作价值观、掌握社工的知识和技巧，提高为案主提供服务的能力等都有重要的作用。因此，如何发挥三种功能，尤其是教育功能和支持功能，就成为学校社会工作督导的重要职责。

目前，对社会工作督导方面的实践和研究都还处于初级阶段，有学者梳理了相关文献，发现中国社会工作督导的相关研究数量很少，现有的研究形成了实习督导与实务督导两种取向，且聚焦于现状与改善、理论应用以及境外经验引介等关键议题。学者提议未来研究可以尝试将行动研究引入社会工作督导研究中来，并积极推动社会工作督导研究的跨学科对话、加强境外先进经验的系统引介、开展社会工作督导的比较研究（张洪英，2017）。具体到社工学生的实习督导方面，学者们分析了当前高校社会工作实习督导中存在的问题，如联合督导形同虚设、督导的理论知识和实务经验发展不平衡、高校和机构对实习督导培训及评估不足等，并提出了相应的对策建议（徐莉等，2017；徐迎春，2013）。也有关于我国台湾高校社会工作实习制度的研究，对其中的督导方式，主要是团体督导和个体督导做了介绍，认为督导在机构和学生之间起到了调和的作用（贾博雄，2015）。近年来，随着医务社会工作的发展以及学生在医院实习的常规化，也有研究总结了学生实习中所面临的困境以及机构督导的应对方法，为实务督导积累了宝贵的经验（孙振军等，2018）。

在为数不多的研究和实务总结中，张威教授对社工实习督导做出了可贵的探索。她在介绍西方社工督导理论和应用的基础上，总结了社工督导的方法和基本过程，并对社工督导推动作为助人者的实习学生认识自己、自我成长的机制进行了的分析（张威，2016）。另外一位对督导过程进行详尽展示和分析的是童敏教授，她对同样服务于小学生及其家长的实习生进行了督导，在督导过程中，童教授运用优势视角的方法，"引导实习社工与服务对象建立信任关系，运用询问辅导计划的方法，激发实习社工的潜能，运用反思性学习的方法，引导实习社工在实践中反思技巧使用背后的人文关怀，反思辅导策略的可行性与合理性，反思如何应对不断变化的辅导场景，反思不同理解视角下的不同辅导行为"（余瑞萍，2008）。这一督导过程中教导实习生所采用的理念和方法，在童敏教授自己的著作中也得到了进一步的阐释和总结（童敏，2008）。

在以上学者进行的督导实践中，都非常强调通过督导带给学生的个人成长和专业成长。"华仁小组督导的核心功能和作用主要体现在两大层面：一，心理支持；二，技术支持和能力建设。"（张威，2016）童敏教授督导的作用则表现为"在这个过程中实习社工的沟通能力、理解与同感的能力、想象力和创造力、分析和总结能力在不断提升。实习的过程也体现了他们的专业认同感和投入感的提高"（余瑞萍，2008）。虽然表述方法不同，但都归结为如何发挥督导中的教育功能和支持功能。

在《社会工作督导》一书中，虽然译者声明书中所论及的社会工作督导是"社会工作机构中的督导，而不是社会工作教育中的实习督导"，但书中对社工督导的许多定义、分析和阐述却对社会工作机构中的督导和社会工作教育中的实习督导具有同样的意义。特别是在提到督导的教育功能和支持功能时，作者说道："教育性督导的基本问题是工作者在业务知识、业务态度和业务技巧方面存在蒙昧无知。教育性督导的基本目标是铲除蒙昧无知，掌握与时俱进的业务技巧。支持性督导的基本问题是工作者的士气和工作满意度。支持性督导的基本目标是提高士气和工作满意度"（卡杜山等，2008：17）。这段话的启发是社工督导应根据实习学生在不同阶段面临的不同问题和困难给予针对性的指导和支持，帮助他们取得专业上的进步，以便更好地为当事人提供充分和有效的服务。

二 学生实习中的专业性问题和教育功能的发挥

当学生进入实习后，首先面对的问题是如何开展专业性的服务。如何证明我是受过专业训练的，因而和志愿者不同；如何将在学校学习的书本知识与每一个具体的服务机构和服务对象的需要联系起来；在开展每一项服务时，是否能找到在学校学习过的适切的理论和实务技巧；服务时是否时时考虑到伦理准则的要求，以及在遇到伦理困境时如何取舍。作为实习督导，就需要回应这些问题，帮助学生顺利实现从学校到实习机构的转换，以及从学生角色向工作中的社会工作者角色的转换。下面我们将就这些问题进行探讨。

（一）摆脱专业性焦虑，从认识服务对象的需求开始，回到社会工作助人的宗旨

学生进入实习伊始，常常为专业性的问题而焦虑，希望自己在工作中展现出社会工作的专业性，得到服务对象和实习机构的认可。但在开展工作时，有些同学会把专业性局限在"以方法为中心的专业性"，即强调使用小组、个案、社区的方法开展工作，进入一个机构，就想我如何才能找到个案？开个什么样的小组？如何开展社区社会工作？

在工作中，这样的思路会使学生面临很多困难，比如"很难找到合适的个案"。即使找到了个案，也不容易建立专业关系，有时甚至会出现为了完成自己的实习任务而需要服务对象配合的情况，服务对象也会感受到这一点，有时会有被利用的感觉。这样既不利于为服务对象提供服务，也不利于学生顺利完成实习工作。

督导的作用就是引导同学摆脱专业性的焦虑，改变以方法为中心的专业性视角，将注意力放在认识服务对象的需求上。医院的病人、社区的贫困家庭、挂科的大学生、遭遇了家庭暴力的流动儿童……他们的困难是什么？有哪些需求？实习机构目前提供哪些服务？结合实习机构提供的服务，我能为这些服务对象做些什么？

从服务对象的需求出发来考虑专业性的问题，会比先考虑用什么样的专业方法提供服务更能有效地帮助服务对象，也更容易得到服务对象的接受和认可。同时在提供服务时不要纠结于自己的工作是否足够专业的问题，而是要想如何给案主带来帮助，使他们的情况有所改善，不要因为担心自己所做工作不够专业而放弃对服务对象的帮助。

在医院实习，曾经因为找不到个案而苦恼的同学在经过了这样的观念转变后有这样的感受：

看着医院里所有的人行色匆匆，心里突然对患者、对医护都有了一些和以前不一样的理解。对患者来说，来到这里，就是一个不断地在绝望中重新定义着人生价值的过程，他们需要理解，需要支持，需要将心里的能量幻化成面对灾难的勇气和一份内心的释然。对医生来说，他们见到了太多滚烫的鲜血和眼泪，他们看得久了渐渐就看透了一些事，不会再轻易地悲伤和难过，而是选择更理性更专业的思考，对于生死，只能尽力而为。我们社工也许不应如此的理性和专业，我们在使用专业技巧进行介入患者内心成长的过程中，也许更多的是感情的陪伴和支持。也许正如老师说的那样，少一些功利性的个案，多一些真诚的帮助与关怀。我惊奇地发现，观念转变之后，医院里面到处都是我们的案主。

（二）对具体的社会工作方法的指导

在认识了服务对象需求的基础上，学生会进行相应的服务设计并开展服务活动，这个过程是学生发挥主动性，将学习到的专业知识运用到实践中的过程，也是学生专业能力提升的最重要的一个环节。在这个过程中，督导主要起到如下三个作用：首先是服务方案的讨论和修改，其次是服务过程中的反馈和专业技巧的指导，最后是引导学生对服务过程进行反思。

1. 服务方案的讨论和修改

以小组为例，当确定了小组主题以后，督导要跟实习生一起讨论选择什么样的理论依据，每次小组活动之间是并列的关系还是层层递进的关系，如何将小组深入下去等。一个病友支持小组，应该侧重在社会学习方面，从而强调病友之间抗病经验的分享，还是应该侧重在社会支持方面，让病友们经由对各自身心压力的袒露而建立起相互的理解、接纳和支持等。

进行安宁疗护服务的实习生发现老人对自己的工作经历和孙子女的教育都深感骄傲，跟督导讨论后觉得可以用生命意义和叙事治疗的方法来服务老人，服务过程持续了几个月，取得了良好的效果。

2. 服务过程中的反馈和专业技巧的指导

服务过程的反馈也有两个方面，一个方面是及时对学生的工作给予肯定。比如当一个同学圆满地完成了一次高质量的智力残疾人小组活动，在督导时可以请她给大家介绍自己的设计和带领活动中的经验，督导要对其中做得好的几个方面进行总结，其他同学可以得到经验和启发。另一方面就是及时发现服务过程中的一些问题。比如在很多小组活动中，同学们按照教科书上的小组流程，在介绍了小组目的和社工以后，就要大家一起订立小组契约。但不论是护士小组还是大学生小组，老年人小组就更不用说了，在此时小组成员往往面面相觑，不知道要干什么。在带领者的引导下勉勉强强写下来小组契约，效果也不是很好。所以，在督导时可以请大家一起讨论，在以后的小组中，可以尝试调整小组契约订立的时间，比如在第一次小组活动结束前，由带领者提出，为了以后的小组活动能顺利进行并且大家都能从中获益，我们应该共同遵守以下几点，这样就比较自然地把小组契约带出来了。这是一个把书本知识向实践运用转化的过程，也是社会工作本土化的一个小小方面。另外一个例子是一些社会工作术语的运用，在小组活动中，当主带的同学说，"请您分享自己的经验"，组员没有反应，因为很多人并不熟悉"分享"这个词，若改为"请您把自己的经验介绍给大家"，这样组员一下子就明白了。

督导中的专业技巧讨论和指导也是非常重要的一部分，这个作用是通过每周的实习日志和面谈完成的。督导会紧密跟进实习生的工作，并就了解到的情况跟实习生讨论下一步的工作方法。比如一个大学生成长小组，目的是通过小组活动让学生从自卑中走出来。在前两次的活动中，让大家认识到每个人都有自卑的地方，而且自己很担心的东西别人未必关注，所以不应太在意别人的眼光。鼓励组员看到自己的优势，从而自信地生活。但在如何对待自己的劣势上，作为小组带领者的实习生认为，应该让组员觉得那些劣势如果你不在意它，它就像不存在一样。督导引导实习生思考，如果组员不敢或者不愿意承认自己的劣势，那么如何生发出真正的自信呢？所以应该鼓励组员承认自己的劣势，但是要从劣势中看到另一面。比如一个贫困家庭出来的孩子，要承认贫困是个劣势，但这个贫困又给自己带来了磨炼，使自己具有比别人更强的抗逆力，也说明自己比别人有更强的学习能力；一个不帅的男孩子，人们很愿意跟他交往，说明他有优秀的品质，这种优秀的品质可以吸引人们跟他交往。所以要通过另一个视角让组员看到自己劣势背后的其他东西，这个东西有可能发展出自己的优势，从而增强自己的自信。

在督导中，也要提醒学生注意一些问题。比如对于有较深家庭矛盾的住院病人，要提醒实习生不要为了给病人提供家庭支持而涉入病人的家庭纠纷。当实习生反映服务的老人反复说"还不如死了算了"，这时提醒实习生注意老人是否有自杀倾向并及时通知家人和医生。对于希望跟实习生有工作之外的社会交往的服务对象，也要提醒实习生保持一定的距离。

3. 引导学生对服务过程进行反思

每次的督导时间都有一部分内容是对刚刚过去一周的实习工作的复盘，督导也会作为观察员参与实习生的服务工作。通过复盘和现场观察，督导会引导学生对工作进行总结和反思。反思既有总体性的，对服务过程及其效果的认识，也有细节性的，对于具体实施方法的认识。比如在小组活动中，某一环节组员的反应比较被动，或者某一个组员发言太过积极以至于带偏了活动主题。当时的应对有哪些是可取的、哪些存在问题，都要在总结和反思中得到探讨。这样的总结和反思也是下一步开展服务的基础，通过这个过程，学生不断反思自己的服务方式，积极主动地根据服务对象的反应加以调整，往往会收到良好的效果。有一个同学在周记中这样说：

> 周四我去杨浦那边上午开了第五六节自我管理小组，主要是和成员一起探讨了康复愿景和生活目标。这次小组给我最大的感受是，成员对小组的投入程度更深了，当我邀请他们分享时，他们都愿意主动地分享，能够很真诚地自我表露，我也鼓励他们尝试改变，对他们进行回馈，帮助他们获得更深的自我认识。令我感到欣慰的是：有个成员第一次是自己来的，第二次她带来了自己的照顾者——妈妈，这一次她不仅带来了妈妈，也带来了同样患病的妹妹。这让我看到了小组存在的意义和价值，在老师多次提点让我用心做好每节小组活动后，我也是在用心设计和开展小组（活动），希望每月一次的小组活动能够带给他们改变。

（三）与社工伦理相关的问题

作为一门道德实践的学科，学生在实习中常常需要伦理的指导，可以说，实习的过程就是在社工伦理的指导下开展服务的过程。但由于现实的复杂性以及伦理标准本身的冲突性，在实际运用过程中常会遇到伦理困境，即基于伦理道德上的冲突而在行动上难以取舍的困难境地。在这种情况下，督导会帮助实习生分析面对的问题，指导他们根据伦理原则的选择次序，并整合自己在价值观、伦理、法律、研究等方面的知识和实务经验以做出判断和抉择。

在跟伦理相关的问题中，最常遇到的就是双重关系的问题。在一个重视人情的社会里，当人们对社会工作专业还不甚了解时，服务的开展很难避开，有时甚至要借助于非社工专业的关系，比如，服务大学新生的社工实习生更愿意以"师兄师姐"的身份招募组员和开展活动。服务对象对实习生的接纳更是如此，信任关系的建立不是基于"社工和服务对象"这样的制度性关系，而是"这个大学生"和"这个老人家"这样的私人关系，甚至在服务过程中服务对象对实习生产生了感情，要求有进一步的专业服务之外的联系。有的老人家希望实习生能给自己当干女儿，有的要将实习生介绍给自己的亲属，也有的服务对象向实习生开口借钱等。对实习生来说，接受这样的提议违背了社工伦理，但拒绝则意味着信任关系会受到影响，也会影响到接下来的服务开展和服务效果。

对此，督导会和实习生一起讨论如何应对双重关系的问题。首先探讨伦理原则。双重关系是否一定是负面的因而需要制止的？可否接受服务对象的礼物或者在专业服务之外有私下的交往？从《社会工作伦理：实务工作指南》上可以看到，对双重关系的问题并没有确定性的认识，虽然有人认为应该坚决摈除社工服务中的双重关系，但也有人认为，双重关系是不可避免的，在有些时候甚至是建设性的，因而不应刻意拒绝双重关系（多戈夫等，2005）。有了对双重关系伦理原则的认识后，就具体讨论不同选择的后果，主要是对服务对象的影响，专业之外的关系如果对服务对象是有益的，社工就可以酌情接受。但这样的双重关系应该是非常小心的，因为要警惕另外的问题。私人关系会带来服务对象对社工的超出工作之外的期待（或者跟工作不同的期待），而这些是社工不能够提供的。比如如果给了电话，双方会一步步由专业关系发展为熟人关系甚至朋友关系，服务对象就会期待社工像熟人或者朋友那样提供一些帮助或者一起做一些事情，但社工常常并不能或者不愿为服务对象提供专业服务之外的服务，这样最终还是会使服务对象失望，严重的时候服务对象甚至会感觉受到伤害。

通过这样的一些讨论，大家对双重伦理的问题有了进一步的认识。虽然并没有给实习生明确的答案，但实习生会结合自己遇到的具体问题，经过谨慎的思考做出选择，并对选择带来的影响有所准备。

（四）回应学生遇到的其他困惑

在实习中，学生还可能遇到的一个问题就是对实习机构的做法有不同的认识。受到了专业社工的教育和训练，学生希望按照严格的专业要求来提供服务，但在实践过程中，他们却看到了不一样的景象。比如有的机构管理人员对服务对象不够耐心，服务对象的需求没有得到及时的回应，在服务方式上也有不尽如人意之处。其中实习生反映最多的是实习机构工作中的形式化问题，实习机构过多将精力放在易拉宝和条幅的个数、统计参加活动的人数、台账记录等方面，甚至会出现无中生有的活动记录。实习生对此很不适应，觉得这些做法违背了社会工作服务的初衷。

在督导中，除了肯定学生对社工服务原则的坚持，帮助他们在自己的工作范围内坚守专业性的要求之外，也要提醒他们在方法上的合作和适度的妥协，还要引导他们思考背后的原因，比如项目制运作带来的问题。在项目制运作下，发包方为了能够对服务质量进行监督，只好细化服务过程，通过对看得见的指标的衡量来进行评估，而项目承接方为了应付评估，就机械地按照项目书的要求开展活动，活动中不是看服务对象的参与度以及是否真正从中受益，而是看是否能留下足够应付检查的资料，如活动的影像、服务对象的签字等，以便在评估中达到要求。这就偏离了社会组织提供服务的初衷，投入了大量的人力、物力，但服务对象的获益却比较有限。认识到背后的原因，学生就不再把工作中感受到的不足单纯归咎于机构工作人员，而是会理解他们的处境。在这个基础上，督导继续引导学生如何在现实的环境中争取开展专业性的工作，而且也思考如何才能改变这样的机制或者设计出更有效的评估方式。

三 学生实习中的情绪性问题和支持功能的发挥

实习的过程既是专业水平提高的过程，也是不断认识自己、看到自己的局限和矛盾之处，进而超越这一局限而带来人格成长的过程。在这个过程中，像遇到专业困难一样，学生也会面临精神上的压力和情感上的困惑，对此，督导可以在情绪上提供支持，帮助学生处理工作上遇到的挫折感、焦虑、急躁等负面情绪，使学生能以饱满的精神投入实习工作中。

（一）帮助学生度过实习初期的惶惑阶段

前面已经提到，在实习初期，特别是第一次参加实习的同学，会急切地展示自己是专业的社工，而现实却是很多人会觉得自己碰了一鼻子灰，因为不适应而感到沮丧，甚至对自己的专业水平产生怀疑。首先是对实习机构的不熟悉，从交通到区域到组织架构到服务领域都有一个认识的过程；其次是工作方法的不适应。比如，同样是服务老年人的机构，但服务失智症老人的机构和一般社区的为老服务就是很不相同的，更不用说每一家社工机构都有自己的模式和方法。对此，督导要起到引见和陪伴的作用。在实习前就把机构的相关情况介绍给学生，也请前期实习过的同学介绍经验。同时，也把学生的情况介绍给机构督导，大家一起交流学生实习期间可以做什么，用什么方式提供服务和完成相关作业。这样，学生就能较快地熟悉环境并上手开始工作。在这段时间内，督导到机构探访以及和实习生进行充分的交流是非常必要的。

实习初期惶惑感的另一个来源就是如果没有机构督导的具体指导，实习生就不知道该从何入手开展工作，特别是在"以方法为中心"的指导下更是如此。对此，督导时会引导学生从接近服务对象、认识服务对象的需要入手。比如服务残疾人的同学就需要首先了解，不同类型残疾人的状况是什么？智力残障和精神残障各自面临什么样的困境？只有接近服务对象，通过和他们的互动，才能建立相互的情感上的联结，他们才会愿意表达真实的情感，社工的服务也才会真正起到作用。对实习生来说，这个过程也是感知服务对象的困境、明晰他们的需要并在此基础上为他们提供服务的过程。重要的是，这也是感受自己专业价值的过程，看到因自己的工作而给服务对象带来的改善，会给实习生带来内心的满足感，也许这就是实习生以后投身社会工作的起点。

（二）在学生遇到特殊的实习情境时予以情感支持

在实习中，有的学生会遇到特殊的实习情境，情绪受到很大冲击，出现应激障碍。进行安宁服务的学生或多或少会出现这样的情况，但每个人遇到的场景不同，反应的程度也各不相同，其中需要督导特别关注的是反应相对激烈的同学。

有个同学在宁养医院实习时对晚期病人非常同情，除了工作时间对他们尽心照护，在工作之余偶有娱乐，"想到 2 床病人还在医院的病床上遭受病痛的折磨，莫名生出一种愧疚感"。当病人突然去世时，这位同学情绪上受到很大刺激，在为病人感到悲痛的同时也深深自责，总在想如果当时自己做了什么或者不做什么是不是对病人会有不同的影响。这样的情绪折磨着她，她很难回到平静的工作和生活中。

笔者注意到这个情况后，就选择个别督导的方式，听她倾诉自己的情绪和困扰，也跟她讨论她对这位病人的服务，引导她思考如果她做了另外的选择会是什么样子。通过对比让她认识到，她已经为病人提供了很好的服务，由于她的关注和照顾，已减缓了病人临终的痛苦，让病人得到了安慰。至于更多的遗憾，比如病人和家属不和睦的问题，在那么短的时间内，并不是她能介入并改变的。学生很快调整了自己的心态，在以后的安宁服务中不再容易受到困扰，除了关注老人的需要，还开发出了为老人提供帮助的服务手册，做出了有意义又富有成效的工作。

（三）帮助学生度过实习中的倦怠期

在经过了一个阶段的实习后，有的同学会有遇到倦怠期，比如有个同学说"我感觉这一天都没有状态，做事的时候老容易走神"。以前例行做的工作，跟着医生查房、对患儿家长进行访谈，都变得没那么有吸引力了。通过参加在医院开展的团建活动，发现自己的焦虑和倦怠在其他人身上也存在，通过互相的倾诉减轻了倦怠的感觉。在小组督导时也借用了这种方式，让大家围绕一些问题进行讨论，介绍自己的情况，也分享自己面对这些问题的做法。大家讨论的问题有以下几个方面。

> 对实习的期待和想象：希望学到什么？有哪些方面的成长？想象中的工作环境、工作内容和工作关系是什么样的？
>
> 实习中的哪些方面和自己的想象是一致的？在哪些方面有较大的区别？
>
> 实习中感受到的压力主要是哪些方面？不能开展专业工作、和服务对象的关系、和机构其他工作人员的关系、工作强度太大等，或者其他？
>
> 为了克服这些困难和压力，有哪些资源可以利用？
>
> 你所了解的机构和同学同事对你的实习是如何评价的？
>
> 经过前一阶段的实习，你在专业和人格上有哪些方面的成长？

通过倾诉和分享，大家重新审视了自己的工作状态，对自己面临的压力有了更具体的认识，也了解了其他同学在实习中遇到的问题，并从他们的分享中学习到应对压力和倦怠感的经验。

（四）帮助学生和实习机构建立良好关系

良好的实习环境对社工实习生的专业成长是非常重要的，督导需要做的一项工作就是帮助学生和实习机构建立良好关系。有些同学在实习时很快就和机构的老师以及同工熟悉起来并愉快地投入工作，但有的同学就适应得困难一些，对机构的规章或者运行方式有一些抵触，有的学生还会和实习机构发生矛盾。

在这种时候督导就需要及时介入，促进实习生和机构带教老师的交流，有时需要请求机构包容学生的一些行为，如稍显独特的服饰和发型。当然也要求实习生遵守机构的规章，慢慢适应机构的运行方式。但更多是促进实习生和带教老师的沟通交流，逐步明晰双方对对方的期待以及可被接受的行为方式。

督导还需要为学生争取良好的实习环境，一些实习机构会安排实习生做很多行政事务，使学生没有余暇开展自己想要做的专业工作。这时就需要督导出面跟机构沟通协调，为学生争取更多的专业实习时间。

（五）帮助学生更好地认识自己，促进人格的成长

实习过程也是学生更好地认识自己的过程。通过实习，学生认识到自己性格的各个方面，比如踏实认真的同学可能比较羞怯拘谨，跟人打交道时比较紧张。督导时会有意识地提醒同学如何自如地跟人交流，跟学生演练面对服务对象的不同反馈自己应该如何回应，让内向的同学有更多的主带小组之类的锻炼机会等。一位因为幼时住院而对医院心生恐惧的本科生在校内外督导和带教师姐的帮助下，克服了自己长期以来对医院的恐惧，愉快地完成了在医院的实习，还成功设计并主带了病人的康复小组。

当然，更进一步的应该是根据实习的情况适度引导学生进行内心的探讨，比如为什么对某些服务对象有更多的同情或者相反的情绪，为什么在某些情况下忽然有很大的精神压力，为什么在老师的提醒下还要跟服务对象有专业关系之外的来往等。对这些问题的探讨不但有利于实习的顺利完成，也有利于实习生深度认识自己，改变一些自我认知上的偏差，在人格上有进一步的成长。但由于督导的能力的限制，这方面的工作做得还很不够。

四 进一步讨论

以上分别讨论了社工督导发挥教育功能和支持功能方面的问题，但在实际工作中，就像专业能力和心理压力总是相互影响的一样，教育功能和支持功能是结合在一起，相互促进的。一方面，教育功能的发挥能帮助学生更好地提高实务中的专业能力，专业能力的提高会让学生更加自信，也更能适应和解决实习中遇到的情绪和压力等方面的问题，事实上就发挥了支持功能。另一方面，帮助学生解决情绪上的压力和情感上的困惑，可以使学生以更轻松的心理状态去思考如何解决实务中遇到的专业问题，无形中就提高了专业水平，在这里，督导发挥的支持功能反过来也发挥了教育功能。

在发挥教育和支持功能的过程中，督导也有自己的局限。从理论上来讲，为了发挥教育和支持功能，督导应该具备如下两种能力，即工作领域能力和咨询能力，前者是指拥有所督导的工作领域的相关知识并了解基本的工作，后者是指在社会－感情层面的学习过程中提供督导咨询的能力（张威，2015）。但事实上，学校督导很难具备以上两种能力，首先，就第一方面的能力来说，由于中国大陆社会工作发展的进程是由学校社工教育推动社工实务发展的，所以很多督导本身并没有社会工作者的工作经历；其次，近年来，社会工作在飞速发展中，不断涉足新的服务领域，出现了许多新的问题，需要发展出新的工作方法。最后，在数字化时代，社会工作面临着越来越多的伦理和风险管理方面的挑战（Frederic G. Reamer, 2013），这些对社会工作者和督导都提出了更高的要求。如何更好地发挥教育功能和支持功能，还需要不断地学习和探索。

参考文献

阿尔弗雷德·卡杜山，2008，《社会工作督导》，隋玉杰等译，中国人民大学出版社。
贾博雄，2015，《台湾高校社会工作实习制度研究》，硕士学位论文，中央民族大学。
拉尔夫·多戈夫等，2005，《社会工作伦理：实务工作指南》，隋玉杰译，中国人民大学出版社。
孙振军等，2018，《医院社会工作实习督导的实践与思考》，《中国医学伦理学》第 3 期。
童敏，2008，《社会工作实务基础——专业服务技巧的综合与运用》，社会科学文献出版社。

徐莉等，2017，《我国社会工作硕士实习督导制度探析》，《教育教学论坛》第 2 期。

徐迎春，2013，《本土处境与现实策略——近十年来社会工作实习教育研究文献综述》，《社会工作》第 5 期。

余瑞萍，2008，《中国本土处境下社会工作专业实习督导方法与学生的专业成长——基于厦门大学社会工作专业学生的专业实习过程》，硕士学位论文，厦门大学。

张洪英，2017，《中国社会工作督导研究的回顾与展望——以 1998—2015 年 CNKI 期刊论文为样本》，《社会工作与管理》第 4 期。

张威，2015，《社会工作督导的理论与实践分析：国际发展与国内现状》，《社会工作》第 3 期。

张威，2016，《专业性社会工作督导对助人者自我成长的推动作用——以华仁社会工作发展中心的小组督导为例》，《社会工作》第 5 期。

Frederic G. Reamer. 2013. "Social Work in a Digital Age：Ethical and Risk Management Challenges. " *Social Work* 58 （2）：163 – 172.

都市社会工作研究　第5辑

第66～84页

© SSAP, 2018

社区康复精神障碍者就业现状与个案干预[*]

——以上海市 H 区阳光心园为例

黄丹琪　程明明　徐韦云　李　川　汪作为[**]

摘　要　本研究在对社区康复的精神障碍者就业现状的初步探讨基础上，经过制定干预方案、实施干预、评估等个案干预的6个阶段，为社区康复精神障碍者提供就业服务提供了可能的介入途径，形成个案、小组和社区的综合干预网络。本研究为社会工作在精神康复领域开展服务提供了理论与实务的参考。

关键词　社区康复　精神障碍者　就业　个案干预

一　研究背景与文献综述

（一）研究背景

根据中国疾病预防控制中心精神卫生中心在 2015 年公布的数据，目前中国成年人精神疾病患病率为 17.5%，约有 1.73 亿人患有不同程度的精神

* 基金项目：国家重点研发计划（2016YFC1307105）；上海市医学重点专科建设计划（ZK2015A06）；上海市虹口区医疗卫生重点专科建设项目（虹科委〔2014〕16 号）。

** 黄丹琪，上海市虹口区精神卫生中心社工；程明明，上海大学社会工作系副教授；徐韦云，上海市虹口区精神卫生中心主治医师；李川，上海市虹口区精神卫生中心社工；汪作为，上海市虹口区精神卫生中心院长、副主任医师。

障碍，我国的精神障碍者成为一个规模庞大又特殊的群体。

按照系统理论的观点，人的全面发展包括身体、心理和社会三方面的发展。在精神障碍患者的治疗与康复过程中，患者得到医学治疗，回归家庭和社区之后，其评估重要的依据是其社会性的恢复，而人的社会性建立在与他人的关系和互动中。在这些关系和互动中，工作对精神障碍者重新融入社会的重要性不言而喻。工作是个体社会角色重要的组成部分，它不仅可以帮助个体建立自我认同以及实现自我价值，并且能够促进个体社会生活的主观幸福感。在西方，工作长期以来被认为是精神疾病治疗与康复的重要手段和方法。然而，目前我国大多精神障碍者在出院后仅能接受简单的日间照顾，加之患者自身的病理性原因，以及长期住院所在的封闭环境导致的社会性退化，致使其在进入康复阶段和重返社会的过程中，以及在工作选择、求职和工作的维系等方面都存在很大困难。有研究显示，出院后的精神病患者的就业率只有15%～30%（樊平巧等，2011）。显然，如何帮助精神病康复者获得就业机会和维系工作，让其参与自身社会化进程，不仅是所有相关医护人员面临的重大挑战，更是从事精神医务社会工作者亟须介入的重要领域。

（二）文献综述

1. 国内外相关研究

（1）西方精神康复理念的流变

精神康复服务的理念是指对精神病患者及康复者、精神病的成因、精神康复的目标等相关问题的理解和认识（董云芳，2006）。当对精神康复的认识与理解发生改变时，对其的服务也会随之改变。迄今为止，世界范围内的精神康复理念经历了从治疗（Treatment）、康复（Rehabilitation）、社区照顾（Community Care）、正常化（Normalization），到社区融合（Community Inclusion）五个阶段的发展和变化（董云芳，2006）。从18世纪初到20世纪50年代，精神障碍者被认为是有缺陷、有危险的人，被政府强制管理、治疗和康复。20世纪60年代开始，学界对大型院舍强制治疗的批评越来越多，西方随之展开去院舍化和社区照顾运动，大量精神障碍者被转移到了社区。20世纪80年代以来，社区照顾运动受到批判。有学者指出，政府只是将精神障碍者的康复环境从院舍移到了社区，却没能为他们创造支持性的社区环境，在社区中，精神障碍者仍被视作异类（Yip，2000）。为了改善社区照顾运动的弊端，学者们提出了"正常化"的概念，提倡应将精神障碍者看作与"正常人"一样享有同等尊严与权利的群体。"正常化"概念提出之后，西方学者提出最新的精神康复服务理念是"社区融纳"，它是指在一个社区内，人与人之间，特别是其他社区成员与精神障碍者之间，能够相互接纳、彼此融合、相互之间提供支持和照顾。在不侵犯他人权益的前提下，社区成员的每一个人，包括精神障碍者都能选择和决定自己的生活方式（董云芳，2006）。

（2）西方职业康复理念与就业服务

在西方，职业康复（Vocational Rehabilitation）是一种发展历史较久、较为成熟的系统的心理社会治疗方法。职业康复不单纯是一种帮助精神康复的治疗方法，更是一个帮助精神障碍者回归就业的系统，这个系统从最早的传统职业康复方法，发展到后来的支持性就业方法。在这两种方法中，社交技能训练都是其中很关键的训练。

西方传统的职业康复方法采取的是"培训—就业"思路，即先给予康复期精神障碍者足够的培训，再帮助其逐步就业，最终达到完全独立的工作状态。日间治疗、庇护性就业、职业俱乐部和过渡性就业等都是传统职业康复方法（见表1）。

表 1　西方传统职业康复方法

传统职业康复方法	针对的精神障碍者	康复内容	康复目标
日间治疗	出院后暂时没有能力参加庇护性就业	日常生活技能训练 手工装配活动 群体娱乐活动 心理教育咨询 职前教育培训	工作前准备
庇护性就业	暂时不能参加竞争性就业	提供就业培训 培养工作技能	帮助其逐渐适应工作
职业俱乐部	康复良好，可以正常参与就业	精神障碍者自由选择由俱乐部提供的与正常人共同工作的就业服务	为精神障碍者实现真正就业奠定基础
过渡性就业	康复良好，可以正常参与竞争性就业	协助康复者在真正的就业市场上找到短期工作机会	实现真正的社会就业

日间治疗针对那些出院后暂时没有能力参加庇护性就业的精神障碍者，为其提供日常生活技能训练、心理教育咨询和职前教育培训，主要项目有

很多手工装配活动、群体娱乐活动等。在美国，有超过 1000 个日间治疗中心，其功能类似于我国上海推行的阳光心园。

庇护性就业是指由政府、医院或者非政府组织提供场所，为那些暂时不能参加竞争性就业的精神障碍者提供就业培训，培养工作技能，帮助其逐渐适应工作。

职业俱乐部由精神障碍者自愿选择是否参加，自由选择俱乐部内提供的工作。在俱乐部中，精神障碍者与正常人共同工作，角色模糊。截至 1996 年，美国已有超过 150 家职业俱乐部，这些俱乐部提供的就业服务，为 27000 多名精神障碍者实现真正就业奠定了基础（王桢等，2007）。

过渡性就业是职业俱乐部的一种进阶形式，是指社会工作者通过与雇主协商，协助精神病康复者在真正的就业市场上找到短期工作机会，一般少于 6 个月，每周工作时间低于 20 个小时，薪资水平逐步提高，但一般低于最低工资水平。

在职业康复领域，支持性就业是最新发展的康复技术，采取的是"安置—培训"思路，以帮助康复期精神障碍者就业为目标，强调快速就业，在就业之后根据对精障者的评估和真实需要为其提供相应培训。据相关研究显示，支持性就业在为精神障碍者提供服务的过程中，在协助其获得并维系竞争性就业方面，优于传统职业康复方法（Twamley et al.，2003）。

此外，社交技能训练在提高精神障碍者的社会能力方面是非常成型的训练方式。目前在美国，由 Wallance（1999）等开发的"工作场所基本原则"训练使用的比较广泛，这套系统通过帮助精神障碍者确认工作对其生活的影响，教授并监督其自觉按时服药治疗，控制症状，学习与上司、同事相处的社交技能，以及学习在工作与工作外部环境下获取支持等方法，来帮助精神障碍者维持工作。

（3）我国港台地区精神疾病职业康复与就业服务的发展经验

香港在精神疾病康复的服务提供过程中，以"全纳、无障碍及人权社会"为依归的导向模式，强调使精神障碍患者能够平等地参与社会生活，实现个人与社会价值。首先，香港制定了层次丰富、完善且操作性很强的残疾人（包括精神残疾）福利法规与具体政策，包括实施细则，比如《康复社区资源手册》《残疾人社区支援计划》《专业居家训练与志愿服务》等。同时，香港社会福利署提供给残疾人的职业康复也是一个完整的系统，从简单的庇护工场、辅助就业，到侧重于综合技能的职业康复服务中心和训练中心，帮助残疾人制定在职培训计划，进一步发展职业康复延展计划等，每个阶段的具体服务内容如图 1 所示。其次，香港有众多的残疾人民间服务机构，政府与这些组织通过购买服务的方法合作良好，且在这些机构内，社会工作者作为专业支撑，是提供服务的主力军。而在我国台湾地区，针对精神卫生的职能复健模式注重多元化与系统性，具体包括院内外的工作训练团体、支持性与一般性就业服务等（石洲宝等，2011）。

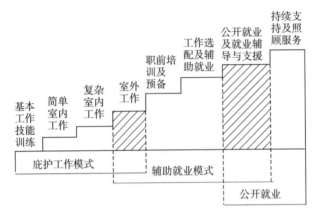

图 1 香港精神障碍人士就业服务模式

（4）中国大陆精神康复与精神卫生社会工作

《中华人民共和国精神卫生法》于 2013 年 5 月 1 日开始正式实施。这部法律对保障精神障碍患者的权益和促进精神障碍者的康复具有重大的意义，法条中对精神障碍患者的社会适应能力康复训练及就业也有涉及。

在精神障碍者的就业服务领域，大陆也开始了初步探索，比如上海市的阳光心园、阳光工坊等为在社区康复的精神障碍患者提供工疗、农疗服务，通过制作简单的手工工艺制品以及承担工厂包装等方式，为精神障碍患者提供些微收入来源，为其和其家庭减轻一点经济负担。但这种方式仍存在很多弊端，首先，把精神障碍者集中在社区康复机构内工作，等同于继续限制着其与正常人一起工作的机会，对其社会性的恢复意义不大。其次，这种方式能带来的收入微薄，工资大多是计件制，完全不同于全职或半兼职的收入情况。此外，在精神障碍者就业服务的提供方面，我国还有"中途宿舍"、"庇护工场"以及"院内定岗职业康复"等模式的探索，但是从病患出院后到真正就业没有完整的服务链，缺乏就业训练和实现就业的有效链接，也没能让精神障碍者实现真正的竞争性就业。

大陆医务社会工作刚刚起步，精神卫生社会工作作为其中的一个特殊分支更是处于萌芽阶段。目前，社会工作的服务主要集中在精神卫生中心和社区康复的阳光心园中开展，服务对象主要为各病种的精神障碍者，同时，也为其家属及医护人员提供技巧训练。采用的方法既包括开展个案服务、小组工作，也包括用社区的方法倡导和赋权，以便为精神障碍患者争取合法的权益保障等。

2. 研究评述

从西方精神康复的流变来看，我国大陆目前对于精神障碍者的服务理念正在经历从"社区照顾"到"正常化"的过程。总体而言，我国大陆精神康复的主要地点在社区，而对精神障碍者就业服务关注不多。对于病情稳定、恢复自知力、有求职意愿的精神障碍患者，缺乏职业技能等相关培训，缺乏社区康复与就业之间的链接渠道。西方以及我国香港的职业康复的理论与实践经验为我们提供了很好的参考，精神卫生社会工作者如何才能有效地介入精神障碍者的职业康复服务？首先，政府应从法律法规的完善入手，设置完整的精神康复就业服务体系；其次，社会工作者在介入过程中，通过职业技能培训、相关资源链接等工作，协助精神障碍者具备合适的职业适应能力，为精障患者提供参与社会生活的方式。

二 社区康复的精神障碍者就业现状

上海市对社区康复的精神障碍者提供康复服务的主要为各区残联下属的阳光心园，该机构以对社区内病情相对稳定的精神障碍者提供日间照料为主，它们所提供的职业康复服务与精神障碍者的就业愿望和需求常常是脱节的。因此，本研究首先对这些在社区康复的精神障碍者的就业现状进行初步探讨。

（一）研究对象

1. 案主 A 基本情况

案主 A，男，32 岁，未婚，中专文化程度，性格内向。案主有严重抑郁症，经过初发病时的院内治疗与 7 年的社区康复，目前病情稳定，恢复良好，案主对自己的病情有很清楚的认识，讲话思维严密，逻辑通顺。他为人真诚，能与人进行正常的沟通。经医生评估，目前案主的身体和精神条件可以尝试工作。

案主出院康复过一段时间后，通过非正式网络关系的链接，先后出去工作过两次。由于在阳光心园内康复的患者的劳动手册在街道处保管，且手册内记录着患病信息，所以寻找工作时为了隐瞒疾病信息，案主与雇主不签订正式的劳动合同（因为签订劳动合同需要劳动手册），只能算作打零工。并且由于案主自身缺乏劳动技能，可从事的工作领域狭窄，均为服务业，劳动强度稍大且工作不稳定，工作中害怕遭遇歧视，所以案主小心谨慎地隐瞒病情。以下是案主对其工作经历和工作中感受的描述：

> 后来我出去工作过两次，这两次找工作都是通过父亲的朋友介绍的。第一份工作是在 2011 年，在冰淇淋店打工，月薪 2500（元），后来因为店面经营不善倒闭，这份工作只干了一年。第二份工作在 2013 年，工作是帮个体经营者卖豆花，工资 3500（元），工作六天休息一天，为了赚多点钱，工作很辛苦，这份工作也因为店面关门只做了四个月。

> 我在两次工作的地方都对同事隐瞒了病情，不和别人讲自己有抑郁症，而且总担心别人发现自己的病，怕他们用异样的眼光看我，所以工作面对同事总会有些担心和紧张。但是我与同事关系处理得融洽，工作也都能胜任，没有遇到什么大的困难。

案主下一步打算找工作的类型偏向于快递员、店员等服务型行业，另外阳光心园内有伙伴准备开店，他也打算过去帮忙。案主对接下来去工作思想上有很大顾虑：

> 接下来的工作，我如果去朋友的店，倒是不存在担心受到歧视的问题，但是若去社会上找工作又会有先前的顾虑，挺害怕被别人知道自己有精神病。我觉得这一直是我重新开始工作、真正返回社会的最大的负担。

2. 案主 B 基本情况

案主 B，男，35 岁，未婚，高中文化程度。案主患有精神分裂症，经医生评定，案主目前精神状态良好，病情稳定，在药物的控制下可以正常从事工作，但不能过度劳累。以下是案主对自己病情的认识：

> 我有精神分裂症，20 岁发病，至今为止住院两次，最近一次住院时间是在 2002 年，住院两个月，出院后一直在社区内进行康复。目前状态挺好的，每天按时吃药，没有再发病，自己感觉体力和精神状态都能适应出去工作。

案主在发病前有工作，因发病住院中断工作，出院进入康复阶段以后，回原单位继续工作，后因搬家、就业渠道少等客观原因，以及自身工作能力退化等主观原因，至今没有找到工作。就业不仅是案主自身的需求，其家庭因为经济条件困难，也需要案主工作来减轻家庭负担。以下是案主工作经历与其工作感受的访谈记录：

> 我没有生病之前在上海 P 区一家快递公司从事快递员的工作，工作比较辛苦，但是收入还可以。在两次住院之间病情稳定的时候，重回原来的工作单位。由于担心得了这个病工作被辞退，或者被别人瞧不起，所以我对公司同事和领导隐瞒了病情，但是在工作中确实因为疾病的影响，经常会感到有些累，累的时候有些焦虑、烦躁，要请假休息来调节，所以工资也比以前有所减少。第二次发病出院后，搬家到了 H 区，因为我家经济情况不太好，两次住院也花费不少，我曾尝试在新环境中重新找工作，但是以前找工作的时候都是朋友、家人给我提供招聘消息，现在搬到一个新的地方，自己没有找工作的渠道，也不知应该向谁求助，自己除了送快递也不太会干别的，没有一技之长，所以一直失业到现在。

案主接下来想从事的工作是快递员、理货员等。以下是案主认为自己以后出去工作会遇到的阻碍：

> 我比较担心在以后的工作中别人发现了我的病，会被辞退或者被同事冷落、瞧不起；也很担心自己与社会脱节太久，不知道如何与同事、上司沟通和相处。

3. 案主 C 基本情况

案主 C，男，30 岁，未婚，高中文化程度。案主经诊断患有精神分裂症，病情在三个案主中程度最轻，康复程度最好。案主在阳光心园内担任班长，能够协助工作人员的工作，善于沟通，人际关系融洽。医生评估其生活能自理，自知力、学习能力基本恢复，能适应环境，可以从事一般工作。

案主 C 家庭经济条件好，父母因其患病，从未让其出去工作，但是现在案主父母为了让其有事干、交更多的朋友、促进其社会交往以便案主更好地康复，准备帮助其自主创业。以下是案主曾经的工作经历与感受：

> 我家里条件挺好的，家里开着一家私营公司，妈妈是董事长，我出院身体好一点之后，偶尔去公司帮忙。我曾经与案主 A 一起在冰淇淋店打过工，并不是因为缺钱，而是想交更多的朋友，更多地与社会接触，我觉得自己在工作的过程中很享受，感觉每天和人打交道很快乐，比关在医院里或者在阳光心园好多了，医院和（阳光）心园那边每天生活差不多都是重复的，很无聊，单调。

以下是其父母关于为案主 C 创业的访谈内容：

> 案主 C 父母：近期家里准备为他（案主 C）投资，开一家小饭馆，他打算在饭馆落成后，请（阳光）心园找不到工作的朋友们去店里打工，做些厨房配菜、服务、收银等的工作。但是现在开店也有些问题，我们不能用他的名字来办理营业执照，而且 C 和他的朋友们没有干过这些工作，正式工作前得好好请人教教。

（二）社区康复的精神障碍患者就业现状

1. 个案访谈资料分析

本研究对个案访谈资料进行整理以及编码后得到以下三级编码，结果如表 2 所示。

表 2　访谈资料分析结果

核心式编码	关联式编码	开放式编码	具体情境
社区康复的精神障碍患者就业现状	负面影响	患者自身因素	• 疾病影响："需服药控制病情""不能太劳累""工作环境不能太嘈杂"
			• 病耻感的心理影响："担心领导、同事发现我生这种毛病""害怕被冷落、瞧不起"
			• 社交能力退化的影响："我很内向，不主动和别人交往""不知道如何与同事、上司沟通和相处"
			• 劳动技能不足的影响："不会做别的，只能送送快递，打打工""不知道去哪里学，做的活赚得很少"
		外界环境影响	• 政策不完善，就业渠道窄："工作都是亲戚、朋友介绍的""没有找工作的途径""劳动手册有疾病记录"
			• 社会歧视："怕被别人看不起""人家不会录用我们这种人""担心被别人知道自己生这种病"
	正面影响	自身康复	• 病情稳定，有自知力，无躯体疾病："医生说我病情稳定""我感觉自己精神和体力现在都恢复得蛮好""我知道吃药很重要，我每天都会自己主动吃药"
		社会支持	• 精神卫生服务团队逐步壮大："我们这里居委会、街道、W 医生，还有你们社工都很关心我们""医生每两周就来我们（阳光）心园一次，还有康复老师带我们做训练"

访谈资料分析结果显示，精神障碍患者的就业现状并不乐观，在职业康复过程中遇到的问题上具有一些共性，表现为如精神病症的残留影响、病耻感、就业资源少、劳动技能缺乏及政策支持少等。

2. 社会工作介入视角

社会工作的优势视角反对将服务对象问题化，强调把关注点放在案主的优势和长处上，可以很好地避免"问题""畸形"等标签给精神障碍者带来的负面影响（Saleebey，2004）。因此，社会工作者在帮助精神障碍者进行康复就业服务的过程中，需要将关注点集中在患者的优势上，并利用发掘到的优势帮助其自我发展。这样一来，才可以帮助精神障碍者从其优势发现问题、思考问题，增强其自信，提高其社会适应能力，从而更好地实现就业，融入社会。

三 个案社会工作干预的实施

个案工作干预通常包括六个阶段，即建立关系、问题和需求评估、介入计划的制定、资源的协调与计划的执行、评估和结案。它们相互之间呈螺旋式上升过程。

（一）建立关系

1. 与案主建立关系

与案主建立相互信任、良好互动的关系是介入的前提和基础。本研究的案主均是笔者进入 H 区阳光心园实习后认识的精神障碍者，三位案主因为有就业的需要与困扰，希望笔者作为社会工作者能为他们提供帮助，在此后的日常与工作接触中，笔者逐渐与三位案主建立了互相信任的关系。

2. 建立多方关系

由于社工个人掌握的资源有限，为了获得更多的支持，还必须和那些能够给案主提供帮助的潜在系统建立良好的合作关系，比如案主的家庭成员、社会组织以及相关服务机构。在本次服务中，社工链接到医生、康复师、案主家属提供支持，同时联系到街道残联的爱心超市为案主提供实习场所以及技能培训。

（二）问题和需求评估

三位案主在就业过程中出现的问题及其优势在表 2 中有所呈现，总体来看，需要社工介入的问题有以下五个方面。

1. 患者自身因素

国内研究显示，影响精神障碍者回归社会的前几位因素依次是：工作能力下降、情绪不稳或易激怒、沉浸于幻想、懒散和不适当的怪异言语（冯怡等，2005）。

精神障碍者大多受教育程度较低，掌握的劳动技能单一，能适应的工作行业和范围较狭窄。此外，患者因为其病理性原因对工作环境有一定要求，连续工作时间不能很长，工作环境要求安全无障碍，精神障碍者对周围的环境很敏感，嘈杂的环境会引起其疾病发作，这些要求无形中又增加了精神障碍者的就业难度。

2. 就业前的心理调适

精神障碍者由于病理性原因以及住院治疗与社会隔离的过程，加上社会误解与排斥，在其进入社会开始工作的阶段，很容易出现自卑、羞惭与自责等心理，并且常怕与陌生人来往。在个案 A 和 B 中，都出现了这一问题，他们不敢对同事与领导公开自己的病情，因为担心别人知道自己的病情，会歧视或者欺负自己，因而时常处于紧张状态，怕在与别人过多的交流中露馅，因此自闭自卑，不主动与人交流。

3. 社交技能缺陷

大多数精神障碍者在临床症状缓解的同时，仍然存在社交及认知缺陷，影响生活质量。有研究者发现，大约50%的精神分裂症患者持续表现出社会交往缺陷（Mueser et al.，1991）。具体表现为：不会主动发起谈话，难以表达自身情感，解决现实问题能力差等。抗精神病药物虽然可以治疗幻觉、妄想，但无法改善社交技能缺陷。而掌握良好的社交技能对成功就业与维系工作的重要性显而易见，人际困难是精神病患中止工作最频繁的原因，达到58%（Cook & Razzano，2000）。

4. 就业渠道窄，缺乏相应工作技能

多数精神障碍者在患病后与以前朋友、同事交往中断，社会支持大多来自自己的家庭亲友，在就业方面导致的直接后果就是就业信息来源少，就业渠道窄。

此外对于康复期精神障碍者而言，实现就业的最大阻碍依旧是工作能力不足，不能满足工作的要求。由于发病时年龄小、中断学业等原因，很多精神障碍患者没有掌握有利于就业的工作技能，例如计算机技术等，只能从事简单的服务业劳动，工作辛苦，薪酬回报少。由此可以看出岗前相关职业技能的培训，对社区康复的精神障碍者的就业意义重大。

5. 社会歧视及政策不完善

众多关于精神障碍者歧视的研究都发现，恐惧是导致歧视和压迫的一个至关重要的因素（王岳，2013），加之媒体对精神障碍宣传的负面信息，对社会产生了误导，导致精神障碍者及其家属有很强的羞耻感，且人们总是会有意识地拉大与精神障碍者的距离。

《中华人民共和国精神卫生法》部分法条十分笼统地阐明了"精神障碍患者的劳动权益受法律保护"，肯定了精神障碍患者的就业权益，但在现实当中，能支撑这项规定的操作性渠道太少。

（三）介入计划的制定

社工与案主制定介入计划时始终坚持让案主全程参与，案主与社工共同协商，同时案主在服务计划实施中，要随时将自己的感受和建议反馈给社工，以便让案主发挥主动性，提升与人交往的能力，挖掘自身的优势。要以案主为中心，尊重他们对自身问题的看法，让他们自觉参与到解决自身的困境中来，体验自己的改变和对解决问题的贡献。

（四）资源的协调与计划的执行

本阶段开展对三个案主的问题和需求状况展开介入，以期能改善案主就业前心理，提升其社交以及工作技能，更好地为后续的就业做好准备。具体介入内容如表 3 所示。

表 3　个案干预方法和内容

问题与需求	介入措施
患者自身因素	个案方法：精神科医生告知案主服药的重要性，疾病复发的影响因素与复发征兆识别等内容，并做服药训练
就业前心理辅导	个案方法：理性情绪模式下识别并纠正不良的自动化想法，在优势视角中，帮助患者正视疾病、发掘优势
社交技能退化	小组工作方法：鼓励案主参与社交能力提升小组，并将学到的技能在岗位实习中练习运用
缺乏工作技能	个案方法—资源链接：工作技能培训与岗位实习
社会歧视、政策不完善	社区工作方法：精神健康讲座与精神卫生知识宣传

在个案干预过程中，社会工作者采用了多种干预方法，如心理疏导、技能培训以及社区动员等。

就业前心理疏导。在与三位案主的面谈过程中，社会工作者运用同理的技巧以及理性情绪辅导模式，帮助案主识别并纠正不良认知，正确看待自己的疾病，消除案主的自卑感，强调让其正视自己的疾病的事实，在工作中鼓起勇气与人交流。同时帮助案主看到社会环境的变化，树立融入社会的信心。

降低患者自身因素影响。社工通过链接精神科医生，给案主讲解服药的重要性，疾病复发的影响因素与复发征兆识别等内容，帮助案主重视服药与定期体检，从而控制病症、稳定病情。

岗位实习与工作技能培训。针对个案案主出现的工作能力不足、缺乏劳动技能的问题，社会工作者进行了资源链接，与街道的爱心超市取得了联系，超市提供了每周三天、每天六小时的岗位实习工作，三位案主分别在理货、收银与仓库管理三个岗位实行轮值，实习时间为两个月。在实习期间，超市工作人员对其接触到的工作内容进行培训，具体培训内容包括收银中的基础计算机操作，商品的上架和理货，仓库商品的进库出库等。同时社会工作者要求案主把在工作中遇到的困难和取得收获及时与社会工作者沟通，以跟进服务。

在社区精神障碍者的康复和就业过程中，来自大众的歧视和偏见是很大的阻力，要减少或消除这些阻力，必须大力宣传和普及精神卫生知识。因此，在服务过程中，社工每半个月组织阳光心园的老师和学员在邻近的公园、小区散发有关精障知识的单页，同时邀请次精神科医生在街道开展精神健康讲座。为精神障碍患者康复、就业和回归社会营造宽松、良好的氛围并不是一朝一夕的事，因此，我们需要坚持精神卫生知识的宣传和普及工作，努力提高全社会对精神障碍者的正确认识，最终使他们逐步重返社会，成为众人接纳的社会成员。

（五）介入评估

评估是指运用科学的研究技术方法，系统地评价社会工作介入的结果，是否达成了预期的目的与目标的过程。本研究对社交技能提升小组运用了量表评估；对其他介入措施采用了目标达成的测量方法进行定性评估。具体评估结果如下。

针对社交技能提升小组的评估，通过对前测后测的数据比较发现，社交回避及苦恼量表前后测得分存在显著差异。研究结果显示，小组成员交往焦虑和苦恼程度有所下降，回避交往的行为减少，且通过每次活动后的分享和小组结束后的评估，组员能认识到沟通与人际交往的重要性，认为学习到一些社交技能，包括言语与非语言交流的技能、倾听技巧等，对自己以后的人际交往会有所帮助。

而在岗位实习后，三位案主在实习工作中掌握了超市提供的三个岗位的基本工作职业技能，工作熟练程度有所提升，在工作过程中可以很好地与同事、上司沟通，同时按时服用药物，病情稳定无复发。而超市负责人与社工交流，表扬三个案主工作认真负责，不懂就问，与同事关系融洽，只是因为长期不工作和病理性原因，案主学习新技能稍慢，需要给予其时间和耐心。

（六）服务结案

结案阶段的主要任务是与个案案主共同对整个过程进行巩固和提升，使他们能增强解决问题的自信心，能运用掌握到的方法去适应新的工作环境。个案的结束并非真正的结束，三位案主后续就业情况仍需保持跟进和评估。

在结案过程中，社工发现除了已经达成的目标外，精神障碍者就业遇到的阻碍并不是社工一己之力可以完全克服的。社会工作者在工作过程中感到社会政策和资源支持欠缺，吁请政府制定并推行聘用精神障碍者的政策，促进商界、地区、政府部门和非政府机构的多方协作伙伴关系，携手推动各工作岗位雇用精神障碍者，支持他们自力更生，真正全面融入社会。

四 结论与讨论

（一）研究结论

精神障碍者在我国为高数量群体，其中不乏疾病康复良好、具备劳动能力的人群，长期与按时地服药可以帮助他们稳定控制病情，发作率极低。而当前，社会的偏见常将这份能力予以否定与不信任，导致目前精神障碍者的就业前景一片浑浊。

通过本研究发现，社会工作在精神障碍者的就业领域可以提供以下支持和服务：首先是增进患者个人能力；其次是维护与建设精神障碍者康复社会支持系统，提供资源链接；最后是通过宣传教育，增进社会对精神障碍的认识。社会工作介入精神障碍者就业服务可通过社会工作专业方法——个案工作、小组工作、社区工作方法相结合的模式开展。具体服务开展模式如图 2 所示。

（二）讨论与反思

目前，我国对于精神疾病的干预主要在医疗系统中进行。对于已经出院、在社区进行康复的精神障碍者来说，很少有专业的支持与服务帮助其回归社会。而曾经的患病经历损害了精神障碍者的各项能力，如社会交往

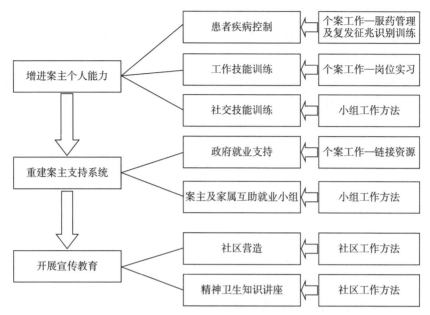

图2 社会工作介入精神障碍者就业服务模式

能力以及承担社会角色的能力。在这种情况下，他们不仅难以进入社会重新工作，而且有可能因为社会适应不良而再次受到疾病困扰。

社会工作是一种旨在帮助弱势群体恢复、发展其社会功能的职业，而作为教育者、倡导者和资源链接者的社会工作者可以在功能恢复、职业康复和就业等方面为精神障碍者提供服务。根据文献研究以及对精神障碍者提供就业服务的总结，笔者认为社会工作在精神障碍者的就业领域可以提供以下支持和服务。

1. 增进患者个人能力

（1）降低患者疾病因素影响

对于精神障碍患者来说，实现就业首先是要稳定病情，控制病症带来的影响。作为资源链接者，社会工作者可链接精神科医护资源，针对服药管理及复发早期征兆识别等内容对患者、家属及用工单位做培训，帮助患者降低在工作中因为疾病带来的影响。

（2）开展就业心理疏导工作

精神障碍者在就业前的准备期和就业工作过程中，由于疾病缺陷，他们得不到足够的支持和帮助，甚至遭到厌弃和歧视，因此产生自卑心理；在工作过程中他们往往隐瞒自己的疾病，害怕同事发现自己患病而时常感到紧张，逃避交往，进而变得孤僻。也有精神障碍者因为心理过分敏感的原因，而放弃了原本可以承担的工作。

基于上述问题，社会工作者对精神障碍者提供就业心理疏导工作就显得十分必要，通过心理疏导，解开其就业中的心理困惑，强化其心理素质，从根本上唤起精神障碍者对就业以及工作中人际交往的正确认识，帮助他们更好、更顺利地实现长久性就业。

（3）对患者展开工作技能训练

精神障碍者回归就业最大的障碍是工作能力不足，缺乏劳动技能，因此，社会工作者可以在精神障碍者返回社区后，利用资源整合的优势，呼请政府或者社会组织开展一些针对精神障碍者的工作技能培训班，训练和培养精神障碍者的工作技能和对环境有效反应的能力，为其提供社会功能康复训练，对妨碍其回归社会的行为加以矫正，提高其社会适应能力，从而为其胜任未来的工作角色做准备。

2. 维护与建设精神障碍者康复社会支持系统，提供资源链接

社会支持的缺乏和社会关系的断裂，是社会排斥的直接后果（高强，2004）。研究表明精神障碍者可能因为缺乏社会支持而产生自卑、焦虑、抑郁等，导致病情加重或复发（赵桂芳、贺敬义，1999）。因此，发展有效的社会支持网络，是提升精神障碍者心理健康水平，促进患者康复，从而实现就业，真正回归社会的重要手段。具体来说，社会工作者可以从以下两方面发展患者的社会支持网络。

（1）建立精神障碍者的政府就业支持

精神障碍者的就业和重返社会需要国家的法律法规作为后盾支持，也离不开行政保护和各方面的社会保障。而目前政府对精神障碍者的就业政策不够明确完善，缺乏就业相关的服务提供。社会工作者可以采用倡导的方法，促进政府对精神障碍者的就业专项立法，在职业康复等问题上为精神障碍者争取利益。

（2）发展精神障碍者互助小组支持

在国外，针对各类团体的互助小组很多，其经验证明，互助小组可以为个人提供强有力的帮助，有时甚至超越专业服务的作用。互助小组的作用主要体现在：①提供有关日常生活和适应技巧的信息，由于这些信息来自相似个人或家庭的实际经验，因而具有很强的可操作性；②提供实际的物质帮助，如借用照顾器具，互相代为照顾患者等；③提供精神慰藉和支持（向德平、程玲，2007）。

比如个案 C 及其家属利用自身资源，可以为康复者同伴提供就业支持，这就是同质互助的体现。社会工作者在对精神障碍者提供服务的过程中，可建立并运用患者及家属的互助小组，发掘更多的资源为其提供支持与服务。

3. 开展宣传教育，增进社会对精神疾病的认识

通过文献梳理与实务过程中的切身感受，在精神障碍者的就业过程中，很大的阻力来自人们对精神疾病的不了解，从而导致对这个群体的回避与歧视。大多数人对于精神疾病的认识仅停留在概念表面，甚至将精神障碍者等同于"疯子"，尽量远离精神疾病患者。

社会工作者在对精神障碍者提供服务的过程中，应通过社区工作的方法，增进社会对精神疾病的认识，重视对精神障碍者的人文关怀。也可以利用媒体，正确引导公众理性看待精神疾病，提高全社会对精神障碍的认识和知晓率，既不要过分渲染，也不要刻意回避，要逐步为精神障碍者的就业创造出一个宽容理解的社会环境。

参考文献

董云芳，2006，《社区融纳型精神康复服务模式探析》，《北京科技大学学报》（社会科学版）第 22 期。

樊平巧、江连英，2011，《浅析康复期精神分裂症患者心理状况》，《内蒙古中医药》第 23 期。

冯怡、王秀华、魏丽娟、方晓云、张燕敏，2005，《影响精神病患者回归社会的因素调查》，《护理与康复》第 4 期。

高强，2004，《断裂的社会结构与弱势群体构架的分析及其社会支持》，《天府新论》第 1 期。

Saleebey，D.，2004，《优势视角——社会工作实践的新模式》，李亚文、杜立婕译，华东理工大学出版社。

石洲宝、徐莉，2011，《台湾精神卫生体系的发展及现状》，《临床精神医学杂志》第 21 期。

王岳，2013，《反思现代精神病学》，《中国医院院长》第 13 期。

王桢、曾永康，2007，《时勘：出院精神病患者的职业康复》，《心理科学进展》第 6 期。

向德平、程玲，2007，《自助小组的建立、运行及作用——以艾滋病感染者自助小组为例》，《社会工作》第 1 期。

赵桂芳、贺敬义，1999，《影响精神分裂症疗效的相关因素分析》，《中国康复杂志》第
10 期。

Cook，J. A. & Razzano，L. 2000. "Vocational Rehabilitation for Persons with Schizophrenia：
Recent Research and Implications for Practice." *Schizophrenia Bulletin* 1.

Mueser，K.，Bellack，A.，Douglas，M.，et al. 1991. "Prevalence and Stability of Social
Skill Deficits in Schizophrenia." *Schizophrenia* 5：167 – 176.

Twamley，E. W.，Jeste，D. V. & Lehman，A. F. 2003. "Vocational Rehabilitation in Schizo-
phrenia and Other Psychotic Disorders-A Literature Review and Meta-analysis of Random-
ized Controlled Trials." *Journal of Nervous and Mental Disease* 191（8）：515 – 523.

Wallace，C. J.，Tauber，R. & Wilde，J. 1999. "Teaching Fundamental Workplace Skills to
Persons with Serious Mental Illness." *Psychiatric Services* 50（9）：1147 – 1153.

Yip，K. S. 2000. "The Community Care Movement in Mental Health Service：Implication for
Social Work Practice." *International Social Work* 1：33 – 48.

都市社会工作研究　第5辑
第85～107页
© SSAP, 2018

证照化对社区社会工作者职业能力影响研究

——基于江苏省常州市的调查

姜　慧*

摘　要　从中国近代的发展历史和实际国情出发，计划经济体制下的社会工作是行政性的、非专业化的，虽然后期随着计划经济体制的变革得到某种程度的改变，但是这种特征在现如今的实际社会工作中和实际社会工作者身上的残存体现还是十分明显的。因此，国家和政府期望通过一种新管理主义实现管理方式的变革，自2008年开始在全国范围内实行的社会工作职业水平考试是其致力于在社区运行方式上发生转变所做的努力之一。本文基于对江苏省常州市的社区实际社会工作者的调查，从价值理念、行政能力和实务能力三个方面分析证照化对社区实际社会工作者职业能力的影响。研究发现，在价值理念方面，社区实际社会工作者虽对其表示认同但仍无法在工作中加以运用；在行政能力方面，支持其工作的大部分力量是工作经验所赋予他们的行政手法；在实务能力方面，持证前后虽有对这方面的反思，但总体来说将实务技巧灵活运用于实际工作中仍具有一定的困难。

关键词　证照化　社区社会工作者　职业能力

---

*　姜慧，上海大学社会工作专业硕士，主要研究兴趣为社区工作、社会工作方法等。

一 研究背景及意义

职业专业化、专业职业化是现代社会发展的重要趋势之一。对于社会工作来说，作为一项在实务工作中专业性较强、所承担的社会责任较大的助人活动，其要求从业人员要具备一定的专业知识、技能、价值观和伦理操守等。放眼一些发达国家，社会工作的发展已经处于成熟阶段，它们中的很多已经建立起了规范的社会工作职业认证体系，这使得社会工作行业内各个环节的运转都十分健康有序。反观中国，虽然社会工作进入中国的时间较短，但如今我国也在积极跟随社会工作发展的国际潮流，采取措施逐步完善社会工作的证照制度及其管理机制。

（一）研究背景

近年来，在急剧的社会变迁中，随着我国在经济、社会方面的发展，尤其是人口老龄化、家庭小型化以及农村城市化等进程的加快，我国的社会福利服务逐渐呈现供不应求的状况，据有关数据显示，我国目前的福利服务只能满足约 5% 的社会需求（唐钧、王璐、任振兴等，2000）。为应对种种诸如此类的问题，政府在社会福利改革及社区建设等方面做出了诸多努力，而在此过程中，社会工作作为一种职业在解决社会问题、维护社会秩序和稳定、构建和谐社会等方面也发挥了不可替代的作用，同时其自身也在一定程度上得到了较为迅速的发展。其中，为顺应各行各业职业化发展的潮流，推动我国社会工作职业化的进程，从 2008 年开始在全国范围内举行全国社会工作者职业水平考试，合格者将获得由国家认可的社会工作职业资格证书。根据相关数据统计，2008～2014 年，全国共有近 88 万人次报名参加社会工作者职业水平考试，其中有 120330 人获得助理社会工作师职业水平证书，38599 人获得社会工作师职业水平证书（见表1）。

表 1 全国社会工作者职业水平考试报考及持证情况汇总

单位：万人，%

考试年度	报考人数	持证人数			持证率
		初级	中级	合计	
2008 年	13.78	2.7259	0.8418	3.5677	16.1
2009 年	8.42				

续表

考试年度	报考人数	持证人数			持证率
		初级	中级	合计	
2010 年	6.9	0.5324	0.2621	0.7945	11.5
2011 年	7.8	0.8172	0.1382	0.9554	12.2
2012 年	13.4	2.3826	0.6104	2.9930	22.3
2013 年	17.0	5.5749	2.0074	7.5823	20.1
2014 年	20.7				
2008～2014 年	88.0	12.0330	3.8599	15.8929	18.1

资料来源：http://www.hqwx.com/web_news/html/2015 - 3/201503300944168907.html。

根据当前国内社会工作发展的现状，社会工作者队伍中所占很大比例的依旧是可能没接受过社会工作专业教育、缺乏社会工作专业知识却扮演着社会工作者应担当的角色的实际社会工作者。而通过对现有研究进行分析，也可以看到，中国社会工作的职业化问题一直是行业内诸多学者颇为关注的议题之一，相关方面的研究虽然也比较多，但是从社会工作证照化角度专门研究其给目前国内数量颇多的实际社会工作者所带来影响的却比较少，更没有专门研究它对于实际社会工作者的职业能力到底会有何种影响、影响程度如何等。

（二）研究意义

近年来，社会工作在中国的发展逐渐受到社会各界的重视，学界也给予了较多的关注，并做了较多的相关研究。但由于社会工作证照制度在国内兴起的时间不长，故以此为主题的相关研究并不多。因此，将研究重点放在社会工作证照化对社区实际社会工作者的职业能力的影响上，能够在一定程度上丰富该领域的研究，并且可以将其作为一个重要方面对我国社会工作的研究进行补充和完善。

随着社会工作职业资格认证制度在我国的受重视程度逐渐增强，且相应的制度措施所实施的范围不断扩大，本主题的研究结果可以对我国的社会工作职业资格认证制度的实施效果进行检测，能够使政府和大众比较直观地了解到通过考试获得职业资格证对实际社会工作者的职业能力到底有无影响，从而为之后的社会工作证照制度的发展策略提出相应的改善意见和建议。

（三）概念界定

本文在描述和分析之前，首先对一些重要的概念做扼要界定。

1. 证照化

社会工作的专业水平认证制度是社会工作体现特殊权威和得到社会认可的重要手段。根据发达国家和地区的经验，授证和执照是认证制度常见的两种方式。授证即由检定单位、专业公会或政府机构检定从事某种专业者的专业智能与专业技能，合格者授予证书，并准予使用专业头衔。执照方式，就是政府机关颁发执照，领照者才可从事法定的专业服务；未领取执照者不能从事专业业务活动，否则政府部门将予以取缔（顾东辉，2008）。

证照化则是指由专业化、职业化需要而兴起的大规模采用证照管理的现象。就本研究而言，证，指社会工作师证书；照，即社会工作师执业执照。大陆目前还未涉及社会工作师执业执照，因此，本研究的证照化是针对目前我国大规模的社会工作职业水平考试中所颁发的社会工作师证书而言的。

2. 实际社会工作者

目前就我国的现状而言，社会工作者又分为专业社会工作者和实际社会工作者，本文的主要研究对象是实际社会工作者，即非专业社会工作者，但提供具体的社会工作服务的人员，他们并不一定拥有社会工作专业知识，却扮演着社会工作者应该担当的角色（李红芳、刘玉兰，2011）。

3. 职业能力

职业能力是人们从事某一职业所必须具备的本领，是成功从事特定职业工作所必须具备的一系列稳定性、综合性的心理特征。不同的职业对职业能力有不同的界定，综合来看，职业能力是人们从事职业必须具备的多种能力的总和，是择业的标准和从业的基本条件，是胜任岗位的基本要求（张宏如，2011）。

本研究中所提到的职业能力则是指社区实际社会工作者的职业能力。综合诸多学者的研究，社区实际社会工作者应具备一定的社会工作价值理念、行政能力以及服务能力。

二　文献综述

较国内来看，国外的社会工作发展历史更为久远。作为一种专业性的社会服务活动，真正的现代意义上的社会工作发端于 19 世纪末 20 世纪初的西方国家，为顺应席卷而来的工业化、城市化和现代化浪潮，缓解随之而来的各种社会矛盾，维护国家稳定，以科学性、专业性著称的社会工作服务技巧开始受到重视和青睐。

通过阅读相关文献，笔者发现，与本文所研究的主题联系较为密切的相关研究包括国外及港台地区社会工作证照制度的发展、社会工作职业化发展、职业社会工作者的专业标准与考核评价体系研究以及对社会工作职业水平考试应试者态度方面的研究。因此，笔者大体上对上述前三类相关研究进行总结与归纳，即国内外社会工作证照制度的发展、社会工作职业化发展、职业社会工作者的专业标准与考核评价体系。

（一）有关社会工作证照制度的研究

1. 海外社会工作证照制度

由于各个国家的社会工作的发展历史和发展进程不同，所以相应的，各个国家在社会工作证照制度的制定和实行方面也是颇有差异的。就美国而言，若想获得参加考试的资格并获取专业资格证书或证照，则必须在本科阶段就接受社会工作的专业课程教育和学习，并获得本科毕业证书（章长城、李琳，2008）。同样，在我国台湾，根据当地的社会工作师考试规则，只有具有社会工作专业教育背景或者拥有一定时限的社会工作实务经历的人才符合报考条件。在我国大陆，本科以下学历报考人员须具有一定年限的有关社会工作的工作经验，且要求报考人员的最低学历为高中或中专，而拥有社会工作本科及以上学历者则可直接报考助理社会工作师，对于实践经历则不做其他要求。单从报考条件这一方面来看，中国大陆的社会工作与美国和我国台湾地区相比，则少了专业学习与职业发展的有机结合。

结合以往经验，任何一项政策制度的出台势必会引起相关方面的一系列变化。因此，社会工作证照制度的制定和出台也必然会对社会工作的发展产生影响，而社会工作者作为社会工作的重要构成要素之一，自然也会受到影响。这种影响对于不同的学者来看或正面或负面，或影响较大或影响甚微。比如，一方面，我国台湾学者王增勇和陶蕃瀛提出，对于各项诸如社会工作的助人专业来说，通过正规的国家考试获得证照是获得社会认可和经济收入的有效保障（王增勇、陶蕃瀛，2006）。同时，章长城和李琳认为，社会工作证照制度的作用在于其不仅可以稳定社会工作队伍，还可以提高社会工作者的整体素质和专业水平，从而在一定程度上树立了社会工作的专业权威（章长城、李琳，2008）。而在另一方面，根据 Barth 从美国 CPS（The Current Population Survey，CPS）所获取的资料显示，在美国约有 75% 的社会工作者都是处于分散状态的，他们各自独立于自己的工作单位，所以，尽管其拥有证照，但倘若像他们一样的社会工作者缺乏一个统一的、团结在一起的集体组织去共同表达和争取他们的正当利益，那么其工作权益则不一定会受到应有的重视（萧惠如，2005）。

2. 我国的社会工作职业资格认证制度的实施与评价

在我国，社会工作起步相对较晚，要想真正实现社会工作的专业化、规范化和职业化还任重而道远，而与之相关的社会工作职业资格认证制度也正处于不断的建构和完善过程中。就全国范围来讲，上海市是最早发展社会工作的城市之一，其社会工作职业资格认证制度在 2004 年就开始了最早的试点，规定对考试合格者给予薪资方面的奖励。但针对此种做法，王秀江却认为，以薪资激励形式所培养出来的所谓的合格社工实际上在专业背景和职业经验方面都与国际上约定俗成的专业社工存在着很大的差距。除此之外他也提到，对于获得社会工作职业资格证书的人来说，其影响甚微，因为除了一些从事民政和司法领域的在职社工经过考试培训并明确岗位后工作初见成效外，剩下的大多数人即便通过社工资格考试具有社工职业资格证书，也不见得能有机会在相应的与社会工作相关的岗位上有用武之地（王秀江，2006）。

而全国范围内的社会工作职业资格认证则是从 2008 年实行社会工作职业水平考试开始的。近几年，随着社会工作的发展及其影响力的扩大，该考试每年的报考人数也在逐年增加。但杜倩通过调查部分考生后却发现，在考试之前，有为数较多的一部分考生只是抱着"试一下"的态度去参加考试的，杜倩认为，这将在很大程度上妨碍社会工作职业水平考试意义的实现，甚至会致使其在今后的发展中走向程式化和形式化（杜倩，2013）。

（二）有关社会工作职业化的研究

经济的快速发展，往往会引发一系列形形色色的社会问题，同时伴随经济的增长，人们的生活水平相对提高，使其开始追求更高的生活质量和品质，因而亟须一批专业人士运用适当方法解决出现的相应的社会问题，从而形成了对社会工作专业化服务的新要求。

1. 社会工作职业化过程中的职业自主性

社会工作的职业化问题是一个传统性的议题。所谓的社会工作职业化，一般是指在满足人类特定需要基础上的社会工作活动被社会认定为一种专门的职业领域并获得专业化发展的过程（尹保华，2008）。

自主化发展是一种职业实现其职业化的必经之路。O'Neill（1999）就曾指出，社会工作职业化的关键在于其自主性。何为社会工作的自主性？该问题可以从两方面来解答，即组织自主性和功能自主性。首先，在组织自主性方面，社会工作职业化主要体现为研究团体的形成、专业刊物的出现、专业协会和专业组织的建立以及社会工作教育的专业化。其次，在功能自主性方面，即对社会工作者的职业伦理规范和道德操守等方面做出规定，促使社会工作者以符合职业规范的行动从事社会工作，进行实务活动。但实际上，许多学者却对职业化过程中的社会工作自主性持不看好的态度。Grimshaw 和 Sinclair 就指出，在现在的社会福利体制下，在社会工作者所扮演的角色中，充当政府管理者的成分似乎多于职业社会工作者（林卡、金菊爱，2003）。台湾学者陶蕃瀛针对当下台湾社会工作证照制度的发展现状也得出结论，证照化的过程其实也是社会工作失去自主性的过程（王增勇、陶蕃瀛，2006）。

2. 社会工作职业化过程中的价值基础

由于社会工作行业的特殊性，社会工作者的价值取向可以说是从事社会工作的导向标。在实际工作中，社会工作者价值观的选择往往是其开展工作的基础，在很大程度上决定着社会工作的发展方向和效果。

我国的社会工作在其职业化过程中，政府虽然也有意识地做出了简政放权的改善措施，但是行使着政府职能的政府机构和社会团体却仍然是中国社会工作的主体，最常见的如各民政部门和共青团、妇联以及工会等社会组织，他们均带有较重的行政色彩，由于其自身的组织特性，他们更多的不是进行专业工作而是履行职能工作。如此一来，由这些类型的部门工作人员所充任的社会工作者自然不符合专业社会工作者的标准，由他们所组成的社会工作队伍也自然不具有社会工作价值。与真正的专业社工相比，他们的工作更多的只是履行岗位职责，而非利他。越来越多的社会现实体现出的事实是，那些不具有社会工作专业价值观或专业价值观薄弱的人员如果硬要充当专业人士介入服务过程，很多情况下不仅无助于和谐社会的构建，反而适得其反，会成为引发社会局部混乱的重要因素之一。因为作为社会工作者，价值基础的缺失必然会限制其在服务过程中价值作用的发挥。

（三） 社会工作者应该具备的能力要求

社会工作的重要构成要素之一就是受助者，它是一门教人如何做与人有关的工作的专业和职业，其实践性很强，它需要大量的实习来检验理论与实际的差距，因此对社会工作者的实践能力有着很高的要求。

对部分发达国家而言，社会工作已经有上百年的历史了，社会工作者不仅数量庞大，而且普遍受过良好的教育。但朱敏通过对日本的社会工作职业化过程和现状进行研究发现，许多日本的执业社工虽然受过良好的专业教育，但是缺乏专业技巧。因此她认为，若想真正成为一名具备实务能力的社会工作者，确实需要通过不断的实践，而不仅仅依靠法制化的证书制度（朱敏，2012）。柳拯（2011）认为，从国际通行经验与我国实际需要来看，专业社会工作者应该具备的素养包括理想信念、职业操守、专业能力、广阔视野及实践情怀。彭华民（2014）则指出，对于社会工作者而言，了解文化的相对性至关重要，特别是在跨文化社会服务中，必须全面了解案主的文化背景，具备良好的文化敏感性。

不同学者都曾对社会工作者的入职标准进行过探讨。方舒（2010）通过整合学术界对社会工作者专业标准的整合和概括认为，社会工作者的入职标准应包括如下三条：一是价值理念，作为一个专业的社会工作者，应具备平等、尊重、接纳、助人自助、自决等专业价值理念；二是知识体系，专业社会工作者除应具备社会工作专业知识外，还应对诸如政治学、心理学、经济学等其他学科的知识有所涉猎；三是实务能力，即社会工作者在掌握社会工作专业方法的前提下还能够熟练地对其进行运用。

另外，崔德鸿（2013）认为，社会工作行政在社工服务中也有着很重要的地位，作为一名合格的社工，应当具备一定的社会工作行政能力。其中，应当包括探索和计划的能力，即社工依托现有的行政资源及其影响力，对未来区域内社会工作的发展方向和需求进行思考和规划，并根据实际制定较完整的服务计划。预测和评估的能力，即社工要在实际工作中对计划方案进行阶段性的动态评估，分析其可行性及可能带来的影响，并据此事先做好有效预防。决策和控制的能力，即社工要在有多种可供选择的行动方案的情况下做出优先性选择，根据现实情况的轻重缓急进行决策，建设性地运用职权控制服务过程，合理分配相关成员的角色和任务。公关和社交能力，即社工需要较强的社交能力以协调各种行政资源，站在服务对象的立场，熟练运用社会工作行政的专业方法，为服务对象争取福利，并在此过程中积极地与多方互动，形成良性的沟通环境，构筑服务对象与行政组织之间的无障碍桥梁。

（四）文献述评

而就目前的研究来看，国内外有关社会工作的各个方面的研究成果很多，主要集中在社会工作的专业化和职业化领域，大多数的研究主要针对社会工作专业化和职业化的发展历史、国内外发展现状及发展前景来进行探讨和研究。其中，社会工作的证照制度是研究社会工作专业化和职业化必不可少的一项议题，这在许多外国及我国台湾地区的研究中均有体现，而由于中国大陆社会工作发展较晚、速度较慢，所以至今关于这方面的研究仍较少。

虽然与本研究主题直接相关的研究较少，但是，从上述几类研究中也不难发现，多数学者认为社会工作在职业化的过程中，证照化虽然起到了一定的促进作用，但是也出现了有损职业自主化的现象，且这种大规模的证照化对社会工作者实际的职业能力的提高有积极作用的说法也没有得到肯定且一致的回答。

由此，笔者认为，首先，关于本主题的研究相对较少，因此，对有关社会工作证照化的现状及结果影响的考察，并研究其对社区实际社会工作者职业能力的影响可以成为一个比较新颖的研究主题；其次，针对本研究主题所出现的学者观点的分歧，也可以通过此研究得出的结论对两方观点进行验证。

三　研究设计

（一）具体研究问题

本文在借鉴以往对社会工作研究的基础上，以当下盛行的社会工作证照化为焦点，研究的主要问题有：第一，考证前后，社区实际社会工作者的职业能力是否发生了变化；第二，证照化对社区实际社会工作者的影响；

第三，证照化影响社区实际社会工作者的原因。本文尝试通过实地调查，对持证后的社区实际社会工作者的各方面工作状况进行探讨，最终检验出证照化对社区实际社会工作者的职业能力是否有影响。根据以上综述，本文以方舒所总结的社会工作者入职标准为评判社区实际社会工作者职业能力的指标，即价值理念、行政能力、实务能力（见表2）。

表 2 社区实际社会工作者的职业能力维度

一级变量	二级变量	具体问题
价值理念	目的	考取社会工作职业资格证书的出发点
		如何看待实际社会工作者的工作目的
	态度	面对伦理困境时如何做出伦理决定以及做出怎样的伦理决定
		是否认可社会工作所强调的价值观念和原则，如平等、尊重、接纳、自决等
		怎样看待科学的工作方法对于社会工作的重要性
行政能力	探索和计划能力	是否具有依托资源、审时度势制定社区发展计划的能力
	预测和评估能力	是否能在计划操作实施阶段预测和评估其可能带来的影响和后果，以及如何做好有效的针对性预防措施
	决策和控制能力	是否能够统筹计划实施过程并运用职权合理控制
	公关和社交能力	能否熟练运用专业方法积极与多方互动沟通，实现各方与行政组织之间的无障碍有效合作
实务能力	专业伦理	能否在工作中秉持社会工作专业伦理
	专业知识	是否熟练掌握社会工作专业的理论和知识并加以运用
	工作技巧	能否善用工作技巧解决问题

资料来源：方舒，2010，《职业社会工作者的专业标准与考核评价体系研究》，《社会工作》第6期；崔德鸿，2013，《社会工作者的行政能力思考》，《中国社会工作》第27期。

（二）研究对象和研究方法

本研究的研究对象为江苏省常州市部分社区内持社工资格证的实际社会工作者。在选取研究对象的过程中，笔者首先选取了外来务工人员社区、安置社区以及城镇社区这三种类型的社区，然后依次在这三种类型的社区中各选取了3名、2名及1名已通过社会工作职业水平考试的社区实际社会工作者作为研究对象。在这6名研究对象中，实际涵盖了不同职务类型的社区实际社会工作者，其中包括社区副书记、社区财会以及社区办事员。总体来说，在研究对象的选择上，笔者较为全面地考虑到了不同类型的社区中不同职位的社区实际社会工作者之间的差异性，能够使本研究的研究结果相对更具科学性和可参考性。

本研究采用非结构访谈法来收集资料和开展研究。非结构访谈是一种无控制或半控制的访谈，事先没有统一问卷，而只有一个题目或大致范围或一个粗线条的问题大纲，由访谈者与访谈对象在这一范围内自由交谈，具体问题可在访谈过程中边谈边形成边提出。进行非结构式访谈有利于发挥双方的主动性，顺着访谈员的引导，能够得到被访者的个人观点，从而获得丰富的研究资料（仇立平，2008）。在本研究中，笔者对来自三个不同类型社区的6名社区实际社会工作者进行访谈，了解持证后的社区实际社会工作者的各方面工作状况，以检验考证、持证上岗对于社区实际社会工作者职业能力的提升是否有影响。

四　证照化对于社区实际社会工作者职业能力的影响研究

（一）背景介绍

从全国范围来看，自2008年起全国开始实行社会工作职业水平等级考试。可以发现，在数量逐年增长的报考者中，社区实际社会工作者占据相当大的一部分比例。据《齐鲁晚报》记者报道，2016年济南社工考试人员在人数上虽然持续增加，但仍以民政系统、街道办、居委会工作人员为主力军。"连续几年，街道办、居委会工作人员大量涌入考场，占了考生总数的一大半。随着社区基层工作日益重要，我们政府要求居委会工作人员必须具备社会工作专业知识。"（《齐鲁晚报》，2016）这样的情况现在在苏州也已是常态了，而且据苏州市民政局社会建设工作处处长谢鸿娟介绍，社区基层工作人员之所以热衷考试，除了因为社工知识能够帮助居委会工作人员解决实际问题以外，另一个重要原因就是持有证书还可以增加个人收入（《苏州日报》，2016）。

根据当下实际情况所做出的统计，整个江苏省在未来5年内至少还需要4万名社会工作者。近几年来，随着社会发展和社区管理的需要以及社会工作影响力的不断扩大，常州市各个社区的工作人员也开始纷纷报考社工资格证。根据常州市人力资源和社会保障局所提供的数据资料显示，常州市近几年的社会工作职业水平考试的结果如表 3 所示。

表 3　常州市近四年社会工作职业水平考试结果

单位：人

年份	取得社会工作师资格 （中级）人数	取得助理社会工作师资格 （初级）人数
2011	91	16
2012	39	224
2013	78	381
2014	71	419

资料来源：http://www.czhrss.gov.cn。

总的来说，持证的实际社会工作者在量上较以前而言确实有较大幅度的增加，那么在质上又是否会有提升呢？在这其中，广大的社区实际社会工作者的职业能力又能否因考取社工资格证而得到提高呢？

（二）对社区实际社会工作者价值理念的探讨

在有关社会工作的讨论中，专业价值一直被认为在社会工作的发展中处于重要的地位。专业价值是社会工作之根，是社会工作的灵魂、目标和方向。社会工作专业价值观的建立与履行是从事社会工作或与社会工作相关的事务的重要前提和基础，应该说，专业价值的核心指导地位在社会工作界内是被广大专业社会工作者所公认的。但由于受长期以来的体制、政策及其他方面的影响，社会工作其实还未能充分利用现有的空间和资源。在目前实际的发展中，它或多或少还是会受到行政色彩的渲染。

1. 目的：自发性、主动性 vs 工具性、被动性？

不同的人对证照制度的实施或其产生的影响有不同的期待。对于政府而言，它希望能将专业化和职业化的社会工作运用于更广泛的社会需求层面，以解决社会问题，减轻政府压力。对于真正的专业社会工作者或学界学者来说，他们当然希望通过制度的规范化来促进社会工作的长远发展。而在数量庞大的社区实际社会工作者的期待中，工具性和被动性所占据的成分多于自发性及主动性。

美国的社会工作发展较早，到目前为止，应该说已经建立了相对比较成熟和广泛的社会工作证照制度和管理机制。其社会工作证照制度的实施主要受到各行各业的证照制度的设立潮流、大量的社会需求的影响，或是将证照作为衡量和评判社会工作者专业素养的标准。因此，在美国或其他社会工作发展更好的国家，作为一名专业的社会工作者，考取社会工作职业资格证书已成为一种共识，其是从事社会工作的必要条件，获得证书是对其工作专业性的一种肯定，因此，其出发点应该是主动的、自发的，目的是更好地服务于工作。那么对于我国内地广大的社区实际社会工作者来说，他们考取社工职业资格证的出发点又是怎样的呢？

> 我是去年（2017 年）6 月份考取的社工资格证，是根据岗位要求考的，因为现在的规定是，在社区工作，如果一直不考社工资格证，一年之后就会被清退，就会丢掉工作。（B1）

> 岗位需求是一方面，另一方面就是考了证的话工资会适当涨一些。在我们社区，如果有初级助理社会工作师资格证，每个月可以加 100 块钱，中级的话，就加 300 块钱。（A1）

普通社区工作者的工资相对较低，通过考证增加收入或许也是缓解社区工作者对工资待遇不满的有效方式之一。鞠歧凤也认为，社区工作者准入制度可以激发社区工作者的工作动力，而该准入制度中就包括取得社会工作职业资格证书，再综合其他方面作为增加薪资待遇或获得最终津贴的标准，她认为这样可以解决社区工作者对工资待遇不满的问题（鞠歧凤，2014）。

但政府规定各个社区的实际社会工作者至少必须考取助理社会工作师资格证，否则一年后就会被迫离职，这样一来，使得该项规定带有明显的行政主义色彩。当然，证书是对专业社会工作者的肯定和身份的界定，是专业性的证明以及对被帮助者利益维护的承诺和保证。将证照制度和准入制度相挂钩，这本身对社会上的其他很多职业来说也已经不足为奇，但前提是二者的挂钩是在人员入职之前就已存在的。这种强制性的做法使得部分一直没有通过社会工作职业水平考试的社区实际社会工作者感到烦心，并且这也会在一定程度上影响到他们当下的工作。或许如果政府当前给实际社会工作者在考取资格证这方面的压力没有这么大，而是进行相应的适当的引导的话，他们的自发性和主动性可能会更大一些。

2. 态度：认同 or 分歧？

在态度上，受访的社区实际社会工作者的态度较为一致，即认可社会工作所强调的价值观念和原则，认为掌握科学的工作方法对于从事社会工作或与社会工作相关的职业是十分重要和必要的。

各行各业的发展几乎都不约而同地与证照相挂钩。法利曾指出，一个领域的工作要成为羽翼丰满的专业，几乎不可避免地要有某种形式的正规管制和在执业时申领执照。对于手持证照的专业社会工作者来说，社会主流价值观的认同是其开展社会工作的前提，而科学的方法则是他们顺利开展社会工作的重要支撑，专业的态度是其工作有效性的重要保障（冯涛，2009）。

> 我很认同书上所强调的价值观念和原则，完全认可，因为这些本身也就是我们做人的最基本的道德标准嘛。（A3）
> 真正在遇到你所说的所谓的伦理困境时，其实我们不会按照书本上来，因为觉得不适用，那样的话我们没法处理问题。但是，你所提到的伦理决定或者书上提到的种种情况下的伦理决定，我认为它有一定的道理，我也有反思，反思该怎么样去做书上那样的专业的决断。（A1）

由此可见，考证给社区实际社会工作者带来了态度上的反思。萧惠如（2005）认为，实际上，证照制度的实行，仍被赋予一定的肯定。证照制度对社区实际社会工作者自我提高的意识和动力具有一定的激发作用，会在无形之中强化他们的思想观念以及尝试使用科学的社会工作专业方法解决现实问题。

> 很多情况下，可以将一些小组工作方法的沟通、理解等技巧运用于解决社区纠纷之中，并且觉得还是有效果的。在为社区居民解决问题时，我们要站到旁观者的角度去看待整件事情，找到合适的平衡点解决问题，你觉得这是不是可以理解成你们社会工作所说的"平等"呢？（A3）
> 我们还是觉得专业的就是不一样的，你们社会工作专业的大学生每次来我们社区举办小组活动，那样专业的设计我们做不来，因为毕竟也没有学过，感觉你们做得更专业，效果肯定也更好。（A2）

文化的作用是潜移默化的。在考取证书的过程中，通过学习，大部分实际社会工作者或多或少都能接触到一定的社会工作专业知识和价值理念，他们对于这样的价值理念和科学工作方法的认可、赞同可以促进社会工作专业思想在社区甚至更广阔的空间里得到传播，这也是促进社会工作发展、促使他们就地由实际社会工作者向专业社会工作者转变的基础之一。

（三）社区实际社会工作者的行政能力：专业性 or 经验性？

在与受访者的交谈中，他们提到，就行政能力而言，经验性还是要多于专业性的。

社会工作行政是一种重要的社会工作间接服务方法。之所以说它间接，是因为它不同于一般的社会工作方法直接服务于有需要的人，而是间接为其他工作人员提供服务，履行管理职能（刘永明，2011）。作为专业的社区社会工作者，则应当具备一定的社会工作行政能力，其中包括探索和计划、预测和评估、决策和控制以及公关和社交等能力。

1. 探索计划及预测评估能力

受街道居委会的管理模式的影响，社区资源具有相对的稳定性和充足性，社区实际社会工作者在依托社区内部资源以及综合利用外部资源制定发展计划方面表现出一定的娴熟性，同时政府的发展大方向也决定了社区发展计划或多或少地受到行政性的影响。预测和评估能力则是实际社会工作者开展社区工作的基本能力之一。

> 我们社区平时开展的活动大部分是公益性活动，所需要的资源并不难找，根据计划找资源和用资源我觉得不是难事，因为毕竟我也在这儿干了几年了。（B1）
>
> 社区的发展计划其实是大家平时开会一起定的，或者更多时候我们根据上面的指示制定计划，我们平时做的大多数是某一项活动的计划，如果这也能算是社区发展计划的话。（A1）

可以看到，社区实际社会工作者认为，随着几年工作经验的累积，其探索和利用资源的能力已经逐渐形成，且可以娴熟运用，而这是工作经验所赋予的。在独立地审时度势地制订社区发展计划方面则更多地会受到政府和上级的总体发展目标的影响。

社区工作人员的日常工作之一便是在有效管理社区的同时为社区居民提供服务，因此，根据计划开展一系列的社区活动也是其基本工作之一。

> 我觉得一般来说没有什么影响或后果，但我们开展活动之前肯定也会考虑到一些安全性问题啊，尤其是做针对儿童或者青少年的活动时，我们会事先安排好一个工作人员负责几个小孩子的安全，有时候还会让学校老师带着孩子一起过来参加，那样他们在来的路上也会更安全。（C1）

> 你也可以看到，我们社区里边就有一个医务室和警卫室，每次开展活动的时候都会事先让警卫室的工作人员守在现场，真要出了什么意外，很快也能到达医务室。（A2）

工作性质和工作针对人群要求社区实际社会工作者在活动开展或计划实施之前会事先做好一系列周到的考虑，以避免出现不必要的意外。

2. 决策和控制及公关和社交能力

多数受访者表示，作为社区工作人员，决策和控制能力在日常工作中还是十分重要的，公关和社交能力也是必备技能，但这些能力往往是根据长久以来的工作经验累积而至的。

> 现在和以前一样，我们社区中的每一个人基本上都会参与到社区平时的活动中来，担任活动策划或活动辅助者，如果是活动策划，就统筹全局，跟你说的决策和控制者一样，给我们其他人分配任务。我们社区里每个人都有决策和控制的机会，当然这只是相对的，并不是绝对控制。（A3）

> 策划的主要是公益活动、传统节日活动（如重阳节慰问）、法律讲座、职业技能培训、篮球赛等文体活动，这些基本上都是要做的，因为上面可能也会要求，还有可能作为考核我们的一个标准。（B1）

很明显的是，我国的社区，向来推行的是"议行合一"的社会工作模式。所谓的议行合一，放到社区中来解释，就是社区居委会作为当地政府的代言人，扮演政府行政向下延伸和执行的一个帮手的角色，社区居委会同时集决策权和执行权于一身。这些在一定程度上都会影响到社区工作者的工作，使其工作方式或方法带有一定的行政性，而非专业性。

> 活动既包括社区内部人员自己策划和开展的，也包括妇联等外部
> 人员策划和开展的，所以肯定会有沟通，不然怎么合作？（B1）

他们认为，所谓的决策和控制能力必须在亲自做过相关工作之后才能得到提升，各行各业的工作都是如此，至于公关和社交能力，他们将其看作职场的必备技能，当然这也是能在工作中不断得到强化的。

然而，社区工作人员的专业社会工作行政能力提高并非一朝一夕之间的事情，需要有专业人员长时间地进行指导和训练。他们所认为的"有许多人没有获得社工职业资格证，但是仍具备较强的行政能力"，其实指的是他们以往工作经验中的能力，而并非作为一名专业的、合格的社会工作者所需要具备的能力要求。当然，我们并不否认这种生活和工作经验给他们带来的能力上的提高和帮助，但是就专业社会工作而言，这种能力纵然与专业社会工作中的能力有通用之处，却也不能替代它，专业的社会工作行政能力所带来的某些方面的效果是一些由工作经历积累而成的经验无法达到的。

（四）对社区实际社会工作者实务能力的探究：专业化 or 建制化？

受访者认为考试成绩不能代表其实务能力，即成绩高低≠实务能力高低。在这种强制之下考试获得证书，不等于具备实务能力，更不等于专业性。总的来说，用文字型的考试去度量实务型的工作能力，并不是一种有效的方式。

> 考试考的就只是你的记忆力和理解能力啊，你只用对选择题进行选择，对非选择题进行书写，并不用实际操作，所以即使成绩考再高，也不能代表你的实务能力有多棒。（C1）

鉴于当前社会工作仍在社会中处于相对不受重视的边缘地位，值得思考的是，这样的做法到底会使社会工作朝着专业化或职业化方向发展，还是会朝着诸多学者口中的建制化方向发展呢？

所谓的建制化，是指社会工作希望在国家体制的秩序中寻求认可，希

望国家体制给予其肯定（王增勇、陶蕃瀛，2006）。但是目前尚未改变的现状是，社会工作仍处于专业和职业发展的边缘地位，一味地、迫切地寻求认可、支持和肯定，在某种程度上很可能会被国家体制牵着鼻子走，会被不同的权力阶级控制其运作，而失去专业发展的自主性。

政府要求社区实际社会工作者考取证书，其出发点是为了促进社区工作人员的专业化与职业化，满足特定的社会需要，但是如果因为这样，使得大量的社区实际社会工作者出于保住工作或者增加工资的目的纯粹地为了考证而考证的话，那么其实较难达到专业化的效果。

1. 专业伦理

正如前文提到的，对于社会工作专业伦理，社区实际社会工作者表示当然是接受和认可的，但认为其在解决实际问题方面则不是那么实用。

> 给我的感觉是这些专业伦理有些理想主义，比如你们社工不是经常说助人自助嘛，其实真正在社区工作中，真的很难达到。（A1）
>
> 你比如我举一个最简单的例子，假如社区里有个神经病，可能会有伤害其他社区居民的动机，那我不能因为社会工作强调保密原则和自决原则就不报警，这样不就不适用吗？（A2）

专业伦理的灵活运用需要实际社会工作者的真正理解。很明显的是，多数实际社会工作者对于社会工作伦理的认识存在一定的偏差，这也说明他们并没有完全理解书本中的知识，故将其运用到实际工作中会显得更加困难。

2. 专业知识

社会工作职业水平考试的开展是促进广大社区实际社会工作者开始学习社会工作专业知识的一个良好的契机，但距离他们熟练掌握专业理论知识并加以运用还是有一定差距的。

> 我在社区工作了 5 年，拿到证也有 3 年时间了，觉得这项考试并不难，而且分数也不算低，但实际上直到现在（我）仍然不知道如何把书中的理论和方法付诸实践，可以说考完了就没有下文了，就是纯粹的看书考试拿证。在考试过程中，针对试题，自我感觉是凭借基本的自我认知和道德观念答题的。在某种程度上，虽然说我已经有证了，

但是专业性根本谈不上，也就是说这个证和专业性之间到底还是脱节的吧。（A1）

任何专业知识体系的建立和完善都是一个长期的过程。前文提到，社区实际社会工作者参加考试受到部分强制性因素的影响，那么在持证之后，他们对已掌握的既有的专业知识进行进一步的学习，对于其后期在工作中的运用是至关重要的。

说实话，自从考过试后，我就放下书本了。社区事务杂碎，其实我们一天到晚也挺忙的，也没有想过考过试拿到证之后还继续看书学习。因为在我们社区工作，这样的知识也不一定用得上。（B1）

社会工作职业水平考试的作用在于向社区实际社会工作者强调社会工作专业知识的重要性，但有这样的开端是远远不够的，还需要持证者后期的持续学习，这样一方面能强化专业知识在实际社会工作者意识和理念中的印象，增强认同感，另一方面也能使其所掌握的专业知识更加牢固。

3. 工作技巧

同其他职业相比，社会工作具有其独特的工作技巧。参考人员可以在短时间内对书本知识进行记忆和了解，但这并不能有效地促进他们对社会工作专业技巧的同时习得。社区人员的工作具有经验性和程式化的特点，这也会在一定程度上阻碍社区实际社会工作者工作技巧的运用。

看了一个月的书就去参加的考试，怎么可能学会书上的那些方法呢？更不用说运用到我们的实际工作中来了。（C1）

我们的很多工作其实是有一点重复性或者说复制性的，比如说我们在社区里开展的法制宣传啊，或者节日的集体活动啊，形式是大同小异的。（A3）

但部分受访者表示，他们也考虑过将社会工作的方法和技巧运用到工作中的可能性，然而在实际开展工作的过程中，社区居民的素质偏低直接导致他们心有余而力不足。社区工作人员尽力为社区居民策划活动，试图增强社区凝聚力，但事实却是社区居民的积极性和参与度普遍不高。经常会遇到的具有普遍性的问题是，社区工作人员开展工作的热情和预先的活动效果设想与现实情况不符，其中主要原因在于社区居民的参与积极性不高。

> 我们社区的居民参与活动的积极性不高，参与者少，主要可能是因为居民层次较低，知识水平跟不上，比如社区会定期开展"模拟法庭"法律知识宣传讲座，但他们对于这样的的内容并不在意，认为和自己的暂时和既得利益没有直接的关系。（A2）
>
> 他们的利益心太重，来参加活动都希望有经济上的补贴，可实际上，社区的经费每一年都是固定的，如果每次开展活动都以经济补贴的形式来刺激参与的话，社区经费根本不够，这种方式是不现实的。（B1）

对于这种情况的出现，受访者表示也会采取相应的措施，即继续通过社区走访和路边发放传单的方式进行宣传，希望能以此带动社区居民。而针对较为特殊的社区，如工厂区的社区，工作占据了社区居民的大部分时间，而社区实际社会工作者会同企业负责人沟通，使居民得以按时参加活动。

> 我们每次都会尽力和社区负责人沟通，虽然有时候作用甚微，但是我们会继续找上级领导和他们进行进一步的协商，这种事情有的时候确实是看人的，我们自己办事和领导出马，那效果肯定是不一样的。（A3）

中国的实际国情所要求的是，最好能在短时间内培育出一支训练有素、专业性强的社会工作人才队伍，而社会工作证照制度的推行只能说满足了专业评估方面的条件，是属于理论层面的，而真正地作为专业社会工作者来说，实务能力并不能由此体现或提升。不具备社会工作专业教育背景、缺乏专业知识、工作过程中较少运用社会工作专业技巧，由此种种产生的所谓的持证实际社会工作者的实务能力实际上并不能达到专业社会工作者的水准。但我们仍可以看到，虽然有人认为考试与实践之间存在脱节的现象，但经由考试前后的这一过程也给社区实际社会工作者带来或多或少的影响，包括他们对自身工作的反思，以及在反思中的不断进步。

五　总结与讨论

（一）研究结论

本文重点从价值理念、行政能力以及实务能力三方面探讨了获证对社区实际社会工作者职业能力的影响。在价值理念方面，绝大部分受访者对实行社会工作职业水平考试表示接受和理解，他们对于该项考试制度的评价较为中性，既没有表现出明显的支持和参与热情，也没有排斥和抵触，只是将其看作分内工作必须要完成的一部分。但从研究结果来看，多数的受访者考取社会工作职业资格证书的出发点并非自愿或自发，而是政府强制、岗位要求。在行政能力方面，每一位社区实际社会工作者在自己的岗位上各司其职，基本上都能够得到锻炼的机会，无论是在社区策划还是在执行方面，都还是缺乏专业性，真正起作用的实际上还是他们丰富的工作经验。不过在职业能力中，社区实际社会工作者的行政能力建设还是相对较好的。在实务能力方面，对于大多数人而言，获取证书的过程仅仅是考试的过程，他们认为自己仍旧无法将专业方法运用到实际的社区工作中。究其原因，一方面，他们认为诸如此类的价值观念和伦理原则有理想主义的色彩，难以与实际情况相匹配。另一方面，大多数社区实际社会工作者本身就缺乏社会工作专业教育背景，在获取资格证后，又缺乏专业人士指导，直接导致他们"后劲不足"，社会工作的价值伦理和专业方法仍旧被"束之高阁"，同时，由于受长期以来的工作经验的影响，导致他们惯于使用以往的非专业的工作手法来解决社区问题。所以，证书的获得对实际社会工作者实务能力提升的作用也较为有限。但通过这样一种考试制度，使得部分社区实际社会工作者开始对自身工作有了真正的反思，这对于提升其专业意识，增强其专业性具有十分重要的促进作用。

（二）讨论与反思

中国政府大力推进社会工作证照制度的实行，在某种程度上也是想借此顺应建立非科层制的其他社会组织形式的潮流，即发展一种新管理主义。新管理主义强调管理形态的动态性、弹性和创新性，强调创造一种同治和共享的文化，以使所有工作者都有一个共同追求的目标。可以看出，这种期望由科层制转向新管理主义的愿望是好的，政府期望通过证照制度实现对社区实际社会工作者的整改，改变社区实际社会工作者传统的工作模式，创新管理体系和工作方式，改良服务方式，继而改变原先社区的传统的管理形式，使社区朝向更富弹性和创造性的方向发展，最终达到改善服务成效的效果。因此，毫无疑问的是，证照制度的施行，必然是在审视社会发展趋势之后才做出的决定。我们通过国外和我国台湾地区的一些研究，也可以发现，社会工作证照化在社会工作专业化和职业化的过程中确实发挥着一定的作用。在这种大环境的社会风潮之下，我国社工界和政府也都在做着不同程度的尝试和努力。但是，由于体制的残存性和延续性，在短时间内依靠证照制度实现科层制向新管理主义的平稳过渡还是存在一定困难的。

总体上，证照化对于社区实际社会工作者职业能力的影响较小，在诸如培养价值理念和提升实务能力方面的作用还有待强化。因此，值得反思的是：首先，政府在强制要求社区实际社会工作者考取社工资格证的同时，应该普及社会工作职业水平考试制度，让更多的社会人士参与其中，接触并了解社会工作，丰富参考人员类型；其次，对于已获得证书者，政府应该成立一支专门的队伍来对其进行后期的专业实践方面的培训，而非放任不管；最后，如果真的要提升社区工作者的质量，实际上还是应该从源头抓起，即规范社区的入职门槛，多吸收具有社会工作专业教育背景的人，规范社区工作。只有这样，才能从源头、过程和后期努力中提升整个社会工作者队伍的质量，实现真正的社会工作专业化和职业化。

参考文献

仇立平，2008，《社会研究方法》，重庆大学出版社。

崔德鸿，2013，《社会工作者的行政能力思考》，《中国社会工作》第 27 期。

杜倩，2013，《社会工作职业水平考试中应试者的态度及其看法研究》，硕士学位论文，中南民族大学。

方舒，2010，《职业社会工作者的专业标准与考核评价体系研究》，《社会工作》第 3 期。

冯涛，2009，《社会工作者的价值取向》，《边疆经济与文化》第 2 期。

顾东辉，2008，《社会工作专业水平的认证制度》，《中国社会导刊》第 12 期。

鞠歧凤，2014，《关于激发社区工作者工作动力的几点思考》，《延边党校学报》第 5 期。

李红芳、刘玉兰，2011，《实际社会工作者的职业流动意愿及其影响因素分析——以江苏省为例》，《法制与经济》第 12 期。

林卡、金菊爱，2003，《对社会工作职业化问题的理论探讨》，《浙江树人大学学报》第
　　2 期。

刘永明，2011，《议行分设——一种社区社会工作行政模式》，《学理论》第 7 期。

柳拯，2011，《专业社会工作者应做"五有"人才》，《中国社会报》第 12 期。

彭华民，2014，《人类行为与社会环境》，高等教育出版社。

《齐鲁晚报》，2016，《近三千人有证，干社工的仅一成》，http://epaper. qlwb. com. cn/ql-
　　wb/content/20160414/ArticelC06002FM. htm。

《苏州日报》，2016，《苏州市 7741 人报名参加社工考试，居委会工作人员占一大半》，
　　http://www. sohu. com/a/69588472_119690。

唐钧、王璐、任振兴等，2000，《生活安全网需织补》，《中国国情国力》第 8 期。

王秀江，2006，《香港、上海社会工作者职业资格制度比较研究》，《长沙民政职业技术
　　学院学报》第 2 期。

王增勇、陶蕃瀛，2006，《专业化 = 证照 = 专业自主?》，《应用心理研究》第 30 期。

萧惠如，2005，《驻足省台湾社会工作的证照制度：从台美社会工作证照制度比较谈
　　起》，台湾大学社会工作研究所。

尹保华，2008，《试论中国社会工作职业化》，《社会主义研究》第 1 期。

张宏如，2011，《高校辅导员职业能力研究》，《思想理论教育导刊》第 9 期。

章长城、李琳，2008，《美国社会工作证照制度的经验与启示》，《中国人力资源开发》
　　第 3 期。

朱敏，2012，《日本社会工作职业化及其启示》，《兰州学刊》第 12 期。

O'Neill S. 1999. "Social Work Profession." *Journal of Social Work Practice* 13（1）：9 – 18.

都市社会工作研究　第 5 辑

第 108～139 页

© SSAP，2018

养老机构空间与老年人照护变迁的研究

——以上海市民政系统公办 Z 养老机构为例

郭安吉*

摘　要　目前我国正从老龄化社会逐渐迈入深度老龄化社会，由此，老年人照护问题愈来愈突出。本文研究的案例——Z 机构经历了从传统养老机构改建为老年公寓，再从老年公寓扩建为老年护理院的过程，这样一个蜕变过程，成为反映当前我国都市养老机构空间变迁的一个典型案例。本文以"社会空间理论"为视角，通过访谈法、参与式观察法和问卷调查法获取了翔实的资料。首先，以时间的推移为线索，将 Z 机构作为传统养老院、老年公寓、老年护理院三个阶段的空间形态加以呈现，从身、心、社三个维度分析其进步性和局限性；其次，探讨空间变迁对老人照护模式所带来的影响，从而总结归纳出：养老机构空间与老年人照护模式之间互为建构、政府缺乏对公办养老机构空间与老年人照护需求相互协调的机制、养老机构空间形态滞后于照护模式的发展及公办养老机构的公共福利性和托底照护职能始终没有改变等结论。最后，从社工介入的角度提出如何实现养老机构空间与老年人照护之间更好对接的设想，使老年人能够得到更加专业化、人性化的服务。

关键词　人口老龄化　老年人　养老机构　照护　空间变迁

---

* 郭安吉，A 市社会福利中心管理人员，主要研究兴趣为老年人院舍照顾、老年社会工作等。

一　问题的提出

1984 年 11 月，民政部在福建漳州召开全国城市社会福利事业单位改革整顿工作会议，提出了社会福利事业的"四个转变"，即由救济性向福利性转变，由单纯供养向供养与康复结合转变，由单纯为"三无对象"服务向面向社会、为全体市民服务转变，由国家包办向国家、社会、集体和个人一起办转变。1985 年初，上海认真贯彻落实民政部的"漳州会议精神"，开始全面对建设早、规模小、设施相对简陋、不符合本市建设标准的养老机构实施改扩建和对新型养老机构实施兴建。从 1994 年起，上海市政府把建设养老床位项目列入本市实事建设项目，每年市政府都制定了数以万计的增加养老床位的目标。根据《上海市老龄事业"十二五"规划》要求：至2015 年底，上海市养老床位数要达到 12.5 万张，为了达到床位数目标，主要采取了新建、改建、扩建、联建等措施，在全市掀起了一股养老机构建设的热潮。根据目前的实施情况，截至 2014 年底，全市养老机构共 660 家，养老床位总量增至 11.49 万张，2015 年再新增一万张养老床位，将基本完成"十二五"规划目标。但多年实践下来，老年人的照护问题似乎没有得到有效缓解，近几年关于数百位老人排队等候入住养老机构的新闻频见报端，机构养老陷入了一床难求的窘境。根据《上海市老年人口状况与意愿发展报告 1998－2013》中关于"老年人希望养老场所"一项调查数据显示，选择在家养老的为 89.3%，机构养老的为 3.5%（殷志刚、周海旺，2014：134）。从调查结果看到，绝大多数老人还是选择在家庭中养老，这一比例也与上海"9073"的养老格局基本吻合，但为什么养老床位还是出现了巨大缺口？在政府不断大力推进养老设施建设的前提下，为什么老年人仍然感到养老设施落实不到位，社会照护能力不足，甚至感到在这其中政府是缺位的？笔者认为，这其中固然有上海老年人口基数庞大、老年人口增长速度过快的客观原因，但需要反思的是，从养老机构的发展历程来看，是否存在着养老机构空间设置不合理的情况，从而导致养老照护供需矛盾突出和老年人照护问题无法得到妥善解决？

学界也逐渐热衷于对养老机构空间的研究，但相关研究主要集中在建筑学领域，研究问题主要侧重于对老人房间居住功能、无障碍设施设计、基础设施等建筑客体的研究，采取的方式主要是对我国优秀案例的罗列和介绍，从规范化的角度进行经验介绍和举例论述。大体说来，这些研究都是将养老机构作为物理空间来展开研究的。然而，养老机构不只是物化的空间，养老涉及物质供养、生活照料、精神慰藉三个方面，因此需要从社会空间等更多元的空间视角去理解。从目前所具有的技术来看，建造一个环境优美的养老机构已不是难题，重要的是如何通过空间设置，在这些现代化的建筑和设施设备中融入更多人性化的老年人照护理念，从而有助于老年人人际关系的互动、身心健康的发展，让老年人具有一种良好的居住体验，这些也是现代养老机构空间变迁的动因和不断探索实践的方向。自2000 年以来，开始有文献从过去单纯对养老机构物理空间的研究，转向对建筑空间与老人心理及行为之间关系的研究，将建筑学理论与社会学、心理学理论相结合，实现多学科交叉，其主要采取了行为分析法、环境心理学、需求理论的分析方法。如薛亮的"养老设施中老年人交往障碍与公共空间关联性研究"、贾文若的"基于'社会化生活感'营造的养老空间研究"，以及张进、王倩等通过对目前养老机构进行考察和案例的研究，从入住老年人在交流的心理和生理等各方面的需求入手，论述老年人对交往空间的特殊需求及交往空间的设计目标和设计方法（门佳蓬，2010），但是，以社会空间为视角的研究仍然比较缺位。

如今人们都深刻地感觉到现代养老机构的空间形态发生了翻天覆地的变化，照护方式也与以往截然不同，但究竟发生了哪些变化，如何将这些笼统抽象的感知上的变化进行经验和理论层面具体、系统的分析是本文需要呈现的内容之一。同时，是什么导致了这些变化的发生？其背后的推动力是什么？隐藏在其中的真实的内涵又是什么？本文试图以社会空间理论为视角，以 Z 机构从传统养老机构到现代养老机构空间形态变迁的时间历程为经线，以空间形态变迁带来的老年人照护模式的改变为纬线，将时间和空间整合在同一分析框架中，通过对两者的变化进行比照，经验性地考察养老机构空间与老年人照护之间存在的关系，并将老人的衰老体验和机构养老经验穿插其中加以讨论。

本文选取的 Z 机构属于较早完成空间和设施改扩建，发展历程较为完整、清晰的一个实例，在公办养老机构中极具典型性，能够在一定程度上反映上海市公办养老机构空间形态变化的历程。本文主要采用了文献研究和观察与访谈的方法，对机构入住老人、行政管理人员、医生、护士、护工进行资料收集，同时辅助于问卷调查，通过量化分析了解入住老人的自身情况、经济水平、家庭背景、入住意愿等，将其作为本文质性研究的补充和辅助材料。

在开始分析之前，本文对以下几个概念做一扼要说明。所谓的传统养老院是指在计划经济体制下，用来收养城镇中的"三无老人"及中低收入家庭送养的老人，其属于国家或集体创办的社会福利机构。随着人民生活水平的提高和社会经济的转型，这类传统养老院已基本消失（宋朝建，2004）。老年公寓则是指按老年人特点设计建造的独立居住单元，内部设有卧室、起居室、浴室、厨房等，公寓内需配备各种服务、文化、娱乐、医疗设施，配备各专业服务人员（门佳蓬，2010）。而老年护理院是指服务于不能自理或部分不能自理的老年人，为其提供生活照料、医疗保健、康复训练等服务的养老机构（林婧怡，2011）。

二　Z 机构空间变迁历程

Z 养老机构成立于 1994 年，地处上海市西北面，是隶属于市民政局的一家公办市级养老机构。最初由政府出资购买当地的农村小别墅用作养老院，约 300 多张床位，主要收住本市的"三无老人"及 60 周岁以上有入住需求的老人。

（一）传统养老机构的消解

1. 被遗忘的角落

有学者将社会空间解释为：社会群体居住的地理区域。在上海这样一座高度商业化的国际大都市里寸土寸金，因此大多数养老机构位于郊区或瑟缩在城区某个不起眼的角落。那些潜藏着巨大商机、能够带来丰厚利润的城区空间大多被娱乐业和消费活动所占领，很少会被分配给只能带来微薄利益或根本不营利的养老机构。与其他养老机构狭小不够宽裕的空间面积相比，Z 养老机构最大的优势就是有 153 亩的巨大占地，这为今后的改扩建提供了基础和保障。1994 年，Z 养老机构成立之初，当地还未通地铁，公交线路也很少，周围没有医院、超市，平时除了老人的一些亲戚朋友偶尔来探望外，鲜有人来往，到了年底上级领导会来看望老人，那时养老院会精心装点一番，树起彩旗，挂上彩灯，有些喜庆的气氛（见图 1）。

虽然，中国一直讲究孝道，但它就像费孝通先生提出的"差序格局"，如同在水面上泛开的涟晕一般，由本家庭到本家族逐渐一圈一圈延伸出去，渐行渐远，扩大到整个社会就基本消失了。面对更多经济基础较差或无经济来源，不能为社会创造价值只是在消耗社会资源的暮年老人，社会给予的关心远远不够。所以，在这里老人过着简单有规律的生活，却弥散着一种失重的哀伤。

图 1 20 世纪 90 年代，节日气氛下的 Z 机构养老院

资料来源：摘自 Z 机构档案照片。

2. 权宜之计的空间

Z 机构最初是由市政府出资购买当地的农村小别墅用作养老院的（见图 2）。如同当初大多数的传统养老机构一样其并不是专业的养老用房，而是将其他用房拿过来直接使用或进行成本最小化的改造，其中不乏很多是旧房甚至是危房，其成为安置老人的权宜之计的空间。

图 2 Z 机构作为传统养老院时小别墅的外观

资料来源：摘自 Z 机构档案照片。

（1）最初"身"的空间

Z 机构养老院老人居住建筑的形态为两层高的小别墅，每层有 3～4 间房间，与传统养老院筒子楼和平房式的空间形态虽有一些差异，但同样外观陈旧、居住条件差、设施简陋。从图 3 中我们可以看到小别墅内部的空间结构。原本独门独户的房子被征用为养老院后，来自不同地方、互不熟悉的老人少则五六人，多则十几人生活在一起，生活能够自理的、生活不能自理的，高龄的、低龄的老人混居一室，与传统筒子楼一样生活缺乏私密性、居住空间拥挤，院方只是稍做区分地将身体稍差、腿脚不便的老人安排在底楼居住，身体较好的老人安排在二层居住。随着老人年龄的增大，一些身体原本比较健康的老人也开始逐渐衰退，体能下降，每次上下楼都要花很大的力气，一些行走不便的老人需要在他人的帮助下一步一步挪下来，一些老人因害怕摔倒或力不从心很少下楼。

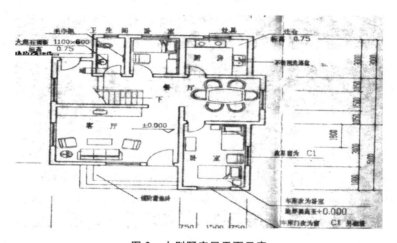

图 3　小别墅底层平面示意

资料来源：摘自 Z 机构档案资料。

在一个封闭的空间里多类型老人混居，年龄跨度较大，代际沟通和生活习惯上的冲突在所难免。在收养者来到机构之前，他们都带有一种原生世界衍生而出的"表现性文化"，抑或是一堆他们在进入机构之前被视为理所当然的活动（高夫曼，2013）。在养老机构中，有的老人喜静，有的老人偏爱热闹，旧房隔音效果较差，容易彼此相互干扰，老人时常会因为看电视、收听广播的噪声问题而引发矛盾。曾经住在 Z 机构养老院的王阿婆回忆道：

我以前贴隔壁住的是位姓刘的大爷，当时他已 87 岁高龄，卧病在床多年，基本丧失生活自理能力，他的房间内总是散发出一股挥之不去的异味，这让我每天都感到恶心。刘大爷因为耳背，喜欢把收音机声音开得如雷响，每天都像定了时的闹钟一样，从一大清早就开始播放，这样的状态经常要持续一整天，这让同住的其他老人十分头疼，有的老人甚至因为长期生活在这种状况下，无法得到良好的休息，精神状态也不太好。刘大爷住在这里，平时鲜有亲属来探望，他耳朵能感受到的微弱的声响是其生活中最大的乐趣和安慰，刘大爷的生活离不了收音机。有感于刘大爷悲惨的境遇，我和同屋其他几个老人都默默忍受了下来。

同屋的其他老人除了对刘大爷忍让，还会在日常生活中力所能及地给刘大爷一些帮助。像刘大爷这样的例子在养老院内还有很多，居住在这里的很多老人大都处于孤立无援的边缘境地，他们没有子女，经济基础较差，作为无依无靠的个体只能依靠机构或其他老人的帮助。当时 Z 机构居住了近 300 位老人，但只有 12 名护理员，一个护理员平均要照看 20 多位老人，加之养老机构是小别墅单位小院式的隔断格局，受到空间的限制，护理员对老人的照护非常有限。在这样的空间条件下，老人便自发形成了"老老相助"的非正式支持网络，在生活上相互照应，彼此之间提供了很多实际的帮助。例如，年纪轻的老人照顾年纪大的老人，身体状况较好的老人照顾身体状况较差的老人，腿脚不灵便的老人能够被邻居搀扶下楼聊天、散步，长期卧床时能有隔壁老人来探望，尤其是当时房间内没有安装报警器，同住老人能在第一时间向机构管理人员反映老人的情况，对防止突发疾病或事故后无人知晓起到了很大的作用。

从图 3 中我们还可以看到，小别墅除设有独立的房间之外，还设有一个客厅，它是老人的公共空间和活动场所，老人会在这里打牌、搓麻将、看电视或唠家常，这是让老人最快乐的地方，也是最容易引发矛盾的焦点。作为公共部位的客厅，院方很难对每个房间的老人所属的区域进行清晰的分割，一些老人便会圈地似的将自己的物品摆放在公共部位占位，将公共空间私有化，这一举动经常会引发同屋老人之间的矛盾和纠纷。空间领域性理论认为，这是人以一种或多种方式认同自己的领地，并积极地保护使之不受外界的影响和侵入的行为（汪原、周卫，1998）。另外，因为是多人共用卫生间和厨房，老人有时候会为了公用部位的清洁卫生而相互扯皮。随着生理机能的衰退，老人互相之间经常会因为长时间占用厕位而产生矛盾。从对老人及工作人员的访谈中，笔者发现当空间设置出现缺陷时，通常需要依靠行政手段来调解，这无疑增加了机构的成本和人力。

（2）最初"心""社"的空间

作为承担救济功能的传统养老机构，Z机构养老院老人活动空间只设置了棋牌室、阅览室等2~3个活动房间，房间里面摆放着几张桌椅，墙上张贴着已经发黄的活动室注意事项。老人的文娱活动也没有专门的场所，而是与工作人员的行政办公区域混杂在一起。一些入住老人回忆时提到，因为不愿意整天与工作人员照面，所以放弃去活动室参加活动。

养老机构作为一个独立空间，从布尔迪厄的场域理论来看，它与社会中的其他场域有所分割，这也减少了机构场域与其他社会场域的往来。王阿婆回忆道：

> 住在这里的老人大部分原因是出于无奈，文化娱乐空间很少，我每天大部分时间就是跟同屋的老伙伴搓麻将，消磨时间。住在这里，家属难得来看望我们一次，领导的探望也屈指可数，慰问演出更是盼星星、盼月亮好不容易才能盼来一次。因为年纪大了，腿脚不灵便，我们一年难得有几次出养老院走走。住在这里的老人都是很封闭的，只要看到哪位老人有亲戚朋友来探望了，就会羡慕不已。

如果说几间简易活动房的设置，表明传统养老院多少还意识到了老年人社会交往及文化娱乐等需求，而对于老年人更为微观和隐秘的心理及精神需求，机构则更加缺乏重视。传统养老院作为集约化的空间模式，造成老人与家人分居两地，老人被迫限制在一个特殊的空间里，与其他陌生的老人生活在同一屋檐下，这样一种生活境遇是需要更多的心理关怀和心理调适的，但在Z机构养老院，"心"的空间几乎处于空白状态。

传统养老院作为一个时代的产物，主要承担的是社会救济功能，许多老人选择入住养老院大多是无可奈何之举，甚至代表着一种羞耻，居住在那里就好像被贴了一张污名化的标签——"社会最底层的人"，那是一个被社会所遗忘的角落。Z机构养老院的地理位置、建筑风格和规模、居住者身份等因素共同决定了居住空间的形态，它所呈现的社会分层极为明显，这种分区与一定的社会关系和社会结构相对应。

（二）老年公寓的诞生

虽然在传统养老院里老人可能无法实现十分幸福的晚年生活，但需要指出的是，老人在那里起码拥有着最底线的生活保障。当机构被拆除，老人不得不被转介到其他养老院时，很多老人都表现出了依依不舍的情绪。随着政府一声令下：养老机构由救济性转为福利型，Z 机构的一幢幢小别墅被推土机"轰"的一声推倒，这预示着一个旧养老时代的终结，一个新的养老时代的开启。

1. 旧空间的破旧立新

"十一五"期间，上海市将每年新增 1 万张养老床位列入市政府实事项目，对于养老机构每张床位由市级财政给予 5000 元的建设补贴（王美玲，2013）。养老问题从当初边缘化的位置，开始变成与医疗、教育并重的重大民生工程。政府的推进使得养老事业蓬勃发展，从而摆脱了底层救济的状态。2006 年，Z 机构通过改建从传统的养老机构变为老年公寓。相比之前未分化的空间，改建后的 Z 机构老年公寓有了较为清晰的身、心、社的空间。

（1）"身"空间的演变

"身"的空间主要是指满足老年人生理需求的日常居住场所，老人感叹"有种居家的感觉"，主要是来自对机构居住空间的直接感受。从图 4 中我们可以看到，Z 机构老年公寓的房型几乎是家庭住宅空间的模仿和再现。为了让老人舒适养老、有尊严地生活、更好地体现私密性，每套房间均独立成套并辟有一块专供老人烧煮的独立厨房。一些老人因患有糖尿病或其他疾病，对食物有着个性化要求，独立厨房空间可以让有生活自理能力的老人自己下厨，家属也可以在那里为老人烹煮食物。随着老人年龄增大，需要经常清洁身体和上厕所，一家一户的独立卫生间解决了老人洗澡难和排队等厕位的问题。较之以前，公寓楼的厨房和卫生间都采用防滑地板、淋浴间、抽水马桶旁均设有助力扶手，浴室内安装了洗浴取暖设施，使老人不再害怕冬天洗澡。考虑到老人的睡眠特点以及独立的睡眠空间要求，即使是双人房，机构也安排了独立的两张床。房间内配备了电视机、洗衣机、冰箱、空调及成套家具，方便老人从家中搬来后直接入住。根据机构规定，为了减少老人之间的矛盾，居住在一套房间内的老人必须是夫妻或是兄弟姐妹，老人也可独自居住，一人承担两张床位的费用进行包房。这与传统养老院互不熟悉的老人多人同居一室的模式是完全不同的。此外，房间采用大玻璃窗，通风日照较好，还设有独立的阳台，这样半开放的空间，使一些腿脚不便的老人在屋内就可以观赏到室外的风景（见图 5）。

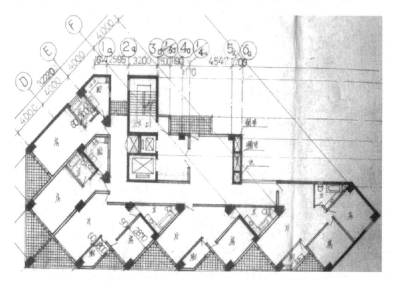

图 4　Z 机构老年公寓楼层平面示意

资料来源：摘自 Z 机构档案资料。

图 5　Z 机构老年公寓老人房间一隅

资料来源：摘自 Z 机构档案照片。

对于老年公寓的变化情况，改建之后重回机构居住的陈阿婆说道：

　　以前，我们是好几户老人合用一个客厅，东西摆放得比较杂乱，我们老人的零碎物品特别多，杂七杂八的药品、餐具、助听器、眼镜等，有时候自己的东西找不到了，有时候其他老人的东西找不到了，因为这些琐事老人之间还会发生不愉快和口角，有时候还会怀疑其他老人拿了自己的东西。现在独门独户，不用再担心和老人发生矛盾。而且，以前的房间采光通风不好，常年黑洞洞的让人感到很压抑。现在房间内采用的是落地玻璃窗，通透性特别好，日照充足，房间让人感觉到暖洋洋的。

（2）"心""社"空间的产生

　　"心"的空间是指满足老年人心理需求的空间，"社"的空间是指满足老年人社交互动的空间。笔者认为，老年公寓有别于传统养老院更为重要的意义在于公共空间的产生和深化。公共空间简而言之，就是为公众共同使用和分享的空间，是与私人空间相对立的一个概念（米庭乐，2014）。改建后，在"心"的空间方面，Z机构设立了单独的谈心室。这是公共空间中非常独特的一块空间区域，一方面其属于公共空间，因为居住在机构内的每位老人都有权使用，但另一方面它又与公共空间那种开放、宽阔、自由的形态迥异，它强调私密性，当有一位老人占据这个空间时，其他老人未经许可是不允许进入的，这样才能使老人具有安全感和便于向社工倾诉。同时，机构还设立了茶室（见图6），该空间与谈心室不同的是，它主要是

图6　空间设置过于开放、缺乏私密性、利用率较低的茶室

资料来源：摘自Z机构档案照片。

为老年人提供互相聊天的场所。但据笔者观察发现，选择在茶室聊天的老人并不多，处于开放状态的茶室几乎处于闲置状态，反而老人更愿意扎堆在食堂聊天。通过与老人交流了解到，老人认为专门去茶室聊天显得太刻意，所以他们更愿意在食堂就餐时或是参加兴趣小组活动时自然地互相交流。

在"社"的空间方面，老人离开亲人和老邻居来到陌生的地方，社会支持网络变弱，他们希望新的集体能够接纳、认可自己。与之前养老院仅有棋牌室、阅览室的简单设施相比，老年公寓活动中心扩展出了健身房、影视厅、多功能厅、音乐教室、桌球室等更为多元的活动空间（见图7）。

图7　Z机构老年公寓的老年活动中心

资料来源：摘自Z机构档案照片。

曾有过其他养老机构入住经历后入住 Z 机构老年公寓的吴大爷感叹道：

> 我以前住的养老院是平房，几幢房子相对而立，中间包裹了块平地，闲暇的时候，每个屋的老人会搬张板凳出来聊天或晒太阳，有的老太太会出来织毛线、跳跳健身舞，有的老人会三五成群地围坐在一起打牌、下棋，这里就成了我们每天活动的空间，但是寒冬酷暑的时候我们就只能待在房间里。如今搬到老年公寓，这里的棋牌室窗明几净、面积大，我们老人每天相约在这里打牌、下棋，不用再担心天气的影响。这里还设有桌球室、阅览室、健身房等更为丰富的活动场所，午睡之后我经常会到活动中心待上一下午，除了打牌、下棋，还会唱唱歌、看看报，结识了很多兴趣相投和有共同语言的老年朋友。

显然，专门的活动空间为老人提供了一个良好的自我展示和沟通的平台。

随着老人对私密性、独立性的要求越来越高，老人居住空间被割裂成一个个相互隔离的居住单元，呈现碎片化特征。老年公寓独立成套的住房格局导致老人之间缺乏交流空间，与之前相比，这里的邻里之间很多互相并不熟悉，这不利于老人支持网络的形成。这就需要一个公共空间对分散的个体空间予以整合，促成老年人群体的互动。公共空间能否发挥其作用，老人是否愿意去并形成良性互动，在那里老人的精神文化需求是否能得到满足，都考量着公共空间存在的价值。此外，政府要求机构不断增加床位，势必造成对公共空间的挤压，这考验着设计者的智慧和能力，需要找到满足增长床位指标与改善公共空间之间的平衡点。

空间氛围也是老年公寓管理方全力打造的一个重点，设计者开始意识到空间的色彩选择、平衡节奏、比例关系、空间结构对老年人心理、行为、人际关系和日常生活的影响，在色调的选择上使用橘色、粉色、黄色这样的暖色调，让老人感到居住的空间是有温度的。通过用卡通图案、书画作品、盆栽植物、各种小摆设等作为点缀，为老人提供舒适和生活气息浓厚的生活空间。Z 机构老年公寓的休闲绿地环抱在几幢公寓楼之间，形成了一个中央空间（见图 8），错落有致地摆放着几张木椅，在这里既不会因为空间太空旷让老人感到孤寂和冷清，也不会太封闭让老人感到束缚和压抑，经常会有老人到这里小憩或晨练。

图 8　环抱在各公寓楼之间的休闲绿地

资料来源：摘自 Z 机构档案照片。

2. 生活在别处

随着社会的发展，机构养老成为老年人一种新型的养老方式、一种理性的选择，而并不代表一种羞耻或一种无奈之举。老年公寓良好的居住环境不仅使老人的生活具有私密性和自由度，让老人有种居家的感觉，而且相对集中的空间设置，还能让老年人享受到比社区更为便捷的生活条件。在 Z 机构很多老人把这里喻为"世外桃源"，背后的寓意是，这是一个与现实社会相对隔离的空间，在这里老人自成一片天地，其乐融融。如果说曾经对田园牧歌式美好晚年生活的憧憬还只是一种"乌托邦"[①] 式的想象，那么如今现代养老机构的出现则类似于福柯提出的"异托邦"[②]。"乌托邦"是一种完全对现实的超越，而"异托邦"既是现实的一部分，但同时又挑战、质疑、改写着现实，其不再是一个遥不可及的幻想，而是人们不断地重新定义自我以及与他者关系的场所（汪行福，2009）。在"异托邦"里

---

①　乌托邦：出自托马斯·莫尔的拉丁文长篇小说《关于最完美的国家制度和乌托邦新岛的既有益又有趣的金书》（简称《乌托邦》，1516 年），泛指现实世界中不存在的完美社会。

②　异托邦：米歇尔·福柯在《词与物》（1966 年）一书中首次提及"异托邦"这一概念，同年他又发表了一篇题为"他者空间"（又译为"异质空间"）的演讲，详细阐释了"异托邦"的概念。

面，执政者、社会投资人或者当权者，他们规划出一种空间，在这个空间里，把所谓正常人的现实生活中所不愿意看到的、需要重新整合、需要消解、需要治愈、需要规训的这些因素、成员、个体，放在一个特定的空间里。因为有了这个空间的存在，它反而投射出我们社会所谓的正常性的存在（邵燕君，2011）。这番话语详细而又直白地诠释了何为"异托邦"。"异托邦"与日常空间的关系就表现为一种差异性的对比关系——真实与虚幻、秩序与混乱、正常与病态，两者互为镜像。福柯认为：养老院介于危机异托邦和偏离异托邦之间，老年既是一个危机，同时也是一种偏离，因为在我们的社会中，休闲有一种规定，老滞是一种偏离（薛立勇、曹庆，2014）。在这之前，很多人都无法想象原来养老院可以建造成这样，这里充斥着很多对传统养老空间与日常生活的反叛，这是一个老年生活的异域，在这里老人拥有着与家庭不完全相同的生活方式；同时养老机构又是一种镜像，在这里可以看到老人生活的状态。因为养老空间是通过实践被创造出来的，设计师把自己的美好想象、所希望为老人创造的生活模式和社会秩序投射在养老机构空间的构建上，所以建筑的风格、房间的结构、公共空间的位置都是预设好的，当然，这样的预设是建立在理想中的人际关系和行为模式之上的，好像一切尽在掌握之中，它比原来的空间更完美、精致、有序，是对原有空间的增补。

总之，从新、旧两个养老空间的比较中我们可以看到，空间的改变带来了老人居住感受的变化。空间是各种情感体验的场所，老人焦虑、孤独、不安、压抑、伤感、空虚的情绪与所处的空间息息相关。同时，空间是可以让人产生依恋之情和精神愉悦的地方，一个让老人感受到自己社会身份和地位被认同的场所，而这些感受在很大程度上取决于空间的安排和设置。虽然新型的养老机构已经关注到了老年人的心理和精神上的需求，但老年公寓的空间设置主要还是放在了对生活照料设施的改造上，进一步的空间营造仍有许多路要走。

（三）老年护理院的拾遗补阙

1. 医养结合模式的现在进行时

传统养老空间已经发生了全新的变化，但空间是随着社会发展不断被构建的产物，随着人口老龄化加剧带来的老年慢性病的大幅度增加，以及老人对医疗照护的需求越来越强烈，单纯为老人提供生活上的照顾已无法满足老人多元化的需求。而目前大量兴建的老年公寓主要是为老人提供生活照料服务，尚未融入专业的医疗服务，因此，老年公寓在照护对象、内容、方式等方面都与老年护理院具有一定差别。因此"医养结合"被提出来，并成为被大力推行的一种老年人照护模式。2013年，《国务院关于加快发展养老服务业的若干意见》明确提出，推动医养结合发展，探索医疗机构与养老机构合作新模式。但实际上在高龄老人快速增长的时期，老年护理院没有得到相应的发展。袁晓航（2013）提到，"医养结合"中的医疗必须具有相当的专业水平，不是简单地打针吃药的医疗服务，而是应当达到一级医院及以上的医疗水平，要具备健全的科室和诊疗项目，硬件上有足够的空间、房屋设施和相当水平的医疗器械。在上述描述中，我们可以看到照护与空间之间的密切关系。如列斐伏尔（1993）所说："如果我们未曾生产一个合适的空间，那么，改变生活方式、改变社会都是一句空话。"因而，在改建为老年公寓之后，2012年Z机构在院内富余空地上扩建了3幢护理楼。

（1）"身"空间的再次演变

扩建的3幢护理楼因应老年人的需要，在空间格局与布置上又有了重要的考量和改变（见图9、图10、图11和图12）。

图9　Z机构老年护理院3人间俯瞰示意

资料来源：摘自Z机构档案资料。

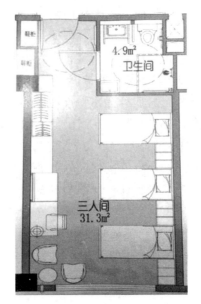

图 10 Z 机构老年护理院 3 人间平面示意

资料来源：摘自 Z 机构档案资料。

图 11 Z 机构老年护理院 6 人间俯瞰示意

资料来源：摘自 Z 机构档案资料。

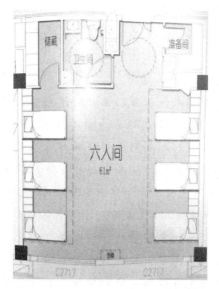

图 12 Z 机构老年护理院 6 人间平面示意

资料来源：摘自 Z 机构档案资料。

从图 9 至图 12 可以看到，Z 机构老年护理院"身"的空间不再是老年公寓独门独户式的居住形式，而是分为 3 人间、6 人间两种房型，其中 3 人间收住需要介助的老人，6 人间收住介护及专护老人。Z 机构老人空间的居住形态经历了从最初多人混居到"个室化"①，再到 3～6 人的小型集约化的转变。虽然从空间形态上，Z 机构好像是退回到从前，但这与当初未分化、几乎没有考虑到老人需求的空间是不同的，对于老年公寓空间形态的"否定"，是建立在高龄老人的照护需求和现代照护的基础之上的。Z 机构养老空间的变迁，呈现螺旋式上升的状态，新空间的类似"回归"，只是形式上的"回归"，但实则是独立成套的空间形态已不适合生活不能自理、需要照护的老人，对于护士和护工来说，他们需要宽阔无遮挡的空间来对老人进行集中看护。独立成套的空间形态只适合一对一的照护方式，独门独户的空间形态势必造成原本在一个房间内就可以完成的对多人的照护，变为要到多个房间内才能完成，从而导致护理效率的下降。而且，这种模式的照护成本对于机构和老人来说也是难以承受的。居住在 Z 机构老年公寓的一位洪阿婆这样说道：

---

① 个室：指单人间，也可引申开来指夫妻或亲属共同居住的双人间。

刚搬到老年公寓时我 73 岁，身体各方面都比较健康，我和老伴儿一起料理着日常生活，这里居住环境优美，我们完全把这里当作自己的家，房产也卖了，准备在这里一直终老。一晃 10 年过去了，老伴儿去世了，我的身体也每况愈下，现在每天出行需要依靠轮椅，儿女又不在身边，受到公寓式住房独门独户的限制，机构不能为我们提供集中的生活及医疗照护。考虑到我的实际情况，老伴儿去世后，机构同意我购买床位，由我私人雇用保姆照顾日常生活。但这样的一种生活方式需要支付的费用很高，包房费每月需要近 3000 元，保姆费每月需要 3500 元，这还不包括伙食和其他的日常开销，这样合计下来我每月的刚性支出大概需要 8000 元左右。除了我的退休金之外，每月都需要子女给予一定资助，所幸我的孩子经济条件都比较好又很有孝心，他们只希望我生活得好，多出一些钱也心甘情愿。但我不想给子女增添太多的负担，也考虑过转到其他护理院。但跑遍了全市很多家养老机构，条件设置都没有这里好，考虑再三我们决定还是宁可多花一些钱在这里养老。

根据调查发现，身体健康生活能够自理的老人更倾向于单独居住，而对于生活不能自理的老人来说，能够支配的空间仅为床位及附近的区域，是否具有独立的、较大的居住空间已经失去意义，因此多人合住成为老年护理院的一种主要空间形态。在空间的划分上，以床位为中心，配备休息椅和储物柜，床位与床位之间安装帘子划分出小的空间（见图 9 和图 11）。相比老年公寓较为宽敞的居住空间，老年护理院的居住空间则更为紧凑，同时留出轮椅进出时的活动空间。在居住细节上，考虑高龄老人大脑功能衰退，记忆力下降等生理特点，每个房间的房门上设有特色标识，不同的楼层生活区地面上铺设个性化的色彩，以便高龄老人看到朝夕相伴的特色图案，便会想起这就是自己的家。房间内床头、马桶边、盥洗台等老人触手可及的地方都安装了紧急呼叫按钮，出现紧急情况老人可以随时按下按钮呼叫工作人员，以便得到及时救助。随着老人年纪增大，洗浴是一大难题。因此，Z 机构老年护理院除了给每个房间配备了独立卫生间还设置了公共浴室，在公共浴室有专人进行助浴，以对生活不能自理需要照护的老人提供帮助。

（2）"心""社"空间的进一步深化

在公共空间层面，为了便于腿脚不便、肢体有障碍老人的出行，Z 机构老年院在公共区域更加注重无障碍设施的设计，如轮椅车坡道的设置、在走廊安装扶手等。同时，对重要的公共空间——活动室等场所进行了单元式空间设置（见图 13、图 14、图 15 和图 16）。

图 13　单元式活动室

资料来源：摘自 Z 机构档案照片。

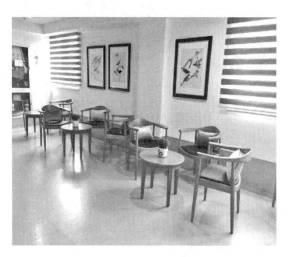

图 14　单元式休闲区域

资料来源：摘自 Z 机构档案照片。

图 15　单元式配餐间

资料来源：摘自 Z 机构档案照片。

图 16　单元式护士站

资料来源：摘自 Z 机构档案照片。

从图 13 可以看到，单元休闲活动房采用通透玻璃作为隔断，使老人能够看到室内的活动情况，提高老人参加活动的积极性。考虑到随着年龄的增大，老人活动能力有所下降，缺乏移动性必然会导致其出行频率降低、出行距离缩短，因此除了设置集中公共活动场所，还实行小规模、单元式的照护空间和多层次、分散型的活动空间设置。Powell Lawton（1975）认为，"老年人在较小的空间里能够获得更多的友谊和更多的参与邻里互动活动的机会"。Z 机构在具体手法上，每个楼面为一个独立的单元，每个单元设有独立的活动空间和照护空间，设有护士站、配餐间、休闲活动室等（见图 13 至图 16），并配备医生、护士定期巡查。与身体健康的老人相比，生活不能自理的老人更容易发生突发情况，对公共空间的单元式分割可以缩短服务距离，使机构管理人员能够尽快到达现场处理紧急情况。

有学者指出，单元型空间结构是目前老年护理院采用较多的一种模式。Z 机构老年护理院每个单元有 20～30 位老人，单元化的空间结构将老年人群体小型化，护理单元即生活单元，老年人的餐饮、娱乐、康复等基本日常行为都在生活单元的内部完成，这样的结构有利于空间内的老人彼此相互认知，形成稳定的人际关系，护理员也能更加容易观察到单元内的老年人，有针对性地进行照护，提高管理服务效率。这样一种空间形态固然有其优点，但其缺点在于单元与单元之间造成了整体空间的隔断。根据布迪厄的场域理论，老年护理院内被分割成多个场域，而处于每个"场"的人群都具有相同或相近的"惯习"[①]和性情取向，能够产生步调一致、方向统一的实践活动来，而"场"与"场"之间又是有边界的，由此导致的结果可能是"场"内的团结，而不同"场"之间却是隔离的。根据老年人的生活能力，Z 机构的老年护理院按照老年人不同的护理等级划分出不同的护理区域，不同区域的老人不能随意走动串门。随着年龄的增长，老年人的自身机能在不断地变化，而正是这种变化导致了不同年龄段之间的差异，基于不同健康状况与年龄段的老年人混合在一起容易相互影响，产生消极负面情绪的考虑，同时也为了易于加强管理，Z 机构对空间进行了"单元化"分割。但这样的空间设置容易造成老人之间相互关系的减弱，每个单元都自成一套体系，这势必会缩小老人的社交范围，从而使老人之间交流的机会减少。

老年护理院在某种程度上说是脱胎于医院的，呈现单元型空间结构特征的老年护理院实质上是一种医疗空间。医疗空间作为公共空间，需具备部分老年社会交往的功能，因此笔者将其归纳到"社"的空间中进行介绍。为了实现机构医养结合的功能，相比过去老年公寓只是设置了与行政办公区域混合在一起的内设医务室，从图 17 中可以看出，Z 机构老年护理院开

---

① 惯习：是指在一定的社会制度下产生的体现在个体身上的一种倾向和习性。

辟了单独的医疗空间，这也是目前很多养老机构都缺失的功能空间。医疗区域设置了多间诊室和治疗室，还设置了 B 超室、心电图室、输液室、理疗室和康复室等，满足了老年人日常医疗救治、身体检查和康复理疗等方面的需求，减少了老人往返于养老机构和医院之间的舟车劳顿和排队候医看病难的问题。同时，医疗场所作为公共空间可以增加老人与老人，老人与机构工作人员之间的互动，诊疗室的等候空间亦可作为老人们互相熟悉、聊天的平台。

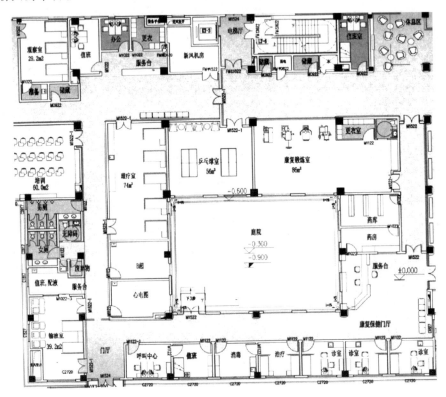

图 17 Z 机构老年护理院集中医疗区域平面示意

资料来源：摘自 Z 机构档案资料。

2. 空间的异化

老年护理院的服务对象是高龄失能老人，为了提高机构风险防范的能力，确保老人的安全，Z 机构老年护理院采取了半封闭的管理模式，生活服务区之间设有隔断，机构管理人员根据老人的需要，实时监督老人进出，防止老人走失，在电梯间、大堂、楼梯口等区域均安装了摄像头，老人的一举一动都"尽收眼底"。虽然老人床位与床位之间有帘幕隔开，但除非是在从事极其隐蔽的活动，否则大多数时间都是敞开的。如前文提及的通透式的休闲活动室，虽然可以在一定程度上提高老人的活动兴趣，但是其中很大一部分原因是为了便于管理员对老人的注视和看管。这就形成了一对悖论，一方面我们越来越强调老人的人权和自尊，但是另一方面又在加强对老人的监管和控制，而这种监控又是十分隐蔽不易被察觉的。现有老年公寓是最为接近居家生活的一种空间形态，在这个空间里尽可能给老人以生活的自主和自由，而老年护理院虽算不上全控机构，但相比老年公寓却要严格得多，人员进出养老机构有严格的制度规定；有固定的作息时间表，而且时间表的安排以机构宗旨为前提等。除此之外，还有一些出于人性化的设置，例如落地式的玻璃窗，老人只要躺在床上就能实现各种功能的高端护理，其结果可能是最大限度地将老人局限在床上，老人需要晒太阳或者参加活动须由管理人员统一带领或用轮椅推至某区域，以减少老人自由行动所带来的危险。这样看来，养老机构的空间看似自由，但实际上规训无处不在，养老机构的空间实质上是一种"规范化"的空间，通过空间定式强化对老人认知与行为的禁锢。空间除了充当一种生活资料，它也是控制的手段，因而是支配性的、具有权力性的（Lvebvre，1991）。如此一来，机构空间更重要的是把管理者的意志渗透到各个角落，而老人自身的权利和人身的自由则被放在了其次，老人想留在机构居住就必须服从机构的制度和规范，并让渡着自己原生的生活方式，老人在不知不觉中成为"温驯的身体"。而且，机构还通过一些手段极尽可能地让老人相信，他们身处的是一个自由、平等的空间，因此，尽管老人置身于养老机构中，但绝大部分人并不能参透机构隐藏的秘密。我们可以这样描述，养老机构是一个环境优美的封闭空间，树木修剪整齐，院内的生活自成体系，一切都井然有序，坚固的大门和围墙守护院内安全，但同时也禁锢了老人的自由，这是一个人造的盆景式的诗意空间，但更是一个充满规训权力的空间。

规训空间的优先地位是由经济策略导致的。护理院中的一名护理员通常要同时照看几位老人，照护压力较大，机构更看重的是员工的工作效率，而老人生活的私密性、人性化则成为其次考虑的因素。为了实现管理机构的高效运营，机构在空间的设置上容易偏向工具理性，护理员好比日复一日干着同样工作、麻木不语的工人，只不过他们不是站在流水线旁，而是推着带轮的桌子，用最短的距离、最快速的方式游走在各床位之间，你一口、他一口地给老人喂饭、服药，每天都在机械化地操作。因此，笔者认为追求高效不应以牺牲人为本位为代价，在空间的设置上需要寻找效率与人性化之间的平衡点，让老人更有归属感和居家感。香港有一项研究结果表明，相对于居住在老年护理院的老人，入住老年公寓的老人满意度更高。其原因是：与老年护理院相比较，老年公寓不太限制老年人的起居生活和活动节奏，让老人感觉生活比较自主；老年人对机构生活及自我照护参与较多，拥有更多自主权；有更多接触亲友及参加社区活动的机会（朱佩兰，2001：117）。这说明对于居住在机构中的老人来说，空间结构对老年人日常生活的控制，也即机构生活的自由度，是影响老人机构生活感受的一项重要因素。

三 变化中的空间与老年人照护

老年人的居住感受与养老空间的设置有着密切的关系，对于养老空间，笔者更倾向于用"建构"而不是"建设"，因为"建构"能够更准确地表达出设计者是基于老年人照护需求来谋划、设计养老机构空间形态的关系的。Z机构空间形态变迁无疑能够说明其对老年人照护模式所带来的变化，尤其是影响着"照护"的三个维度：照护对象、照护内容、照护需求（曹艳春、王建云，2013）。

1. 照护对象：从"三无老人"到健康老人再到高龄失能老人的转变

（1）从收住"三无老人"到健康老人转变的阶段

Z机构作为传统养老院时，收住对象中大多为当地经济条件、居住条件较差的居民。根据当时国家福利政策，"三无老人"免收床位费，由国家供养，其余老人则需要支付500～800元不等的床位费。Z机构改建成为老年公寓后，居住条件和环境设置得到较大改善，入住对象从"三无老人"转变为60～85周岁、生活能够自理的健康老人，床位费为1500～3500元。涨幅颇大的床位费，不禁让人思考，公办养老机构向老人收取床位费作为财政收入，那么其公益性、福利性何在？笔者通过向Z机构负责人了解到，政府会给予每张老人床位一定的补贴，因此同等居住条件下，公办养老机构的床位费比市场上民办养老机构的床位费要优惠很多，这也就是目前养老的政府福利性。从Z机构老年公寓收住对象的条件可以看出，民政部门的服务对象由传统认为的社会福利只面向弱者、不能应付基本生活的人拓展到所有需要帮助的人（罗观翠、雷杰，2008）。

20 世纪 90 年代，Z 机构老年公寓的首位住户是我国一位著名的遗传科学家，当时市领导为其颁发了金钥匙并在媒体上进行宣传，希望通过名人效应拉动入住人气，还先后邀请了老干部来疗养，但这些举措并没有达到预期的效果，在刚成立的 1~3 年，Z 机构的入住率一直没能突破 50%。Z 机构的负责人说："因为是公办养老机构，有财政全额拨款支撑，不需要靠自身营利来确保机构运转，否则早就要闭门歇业。"当时老年公寓还属于新生事物，受到传统孝道文化的影响，社会上普遍对机构养老持有谨慎保守的态度，一批有文化背景且经济条件宽裕、身体健康的老人成了先驱者。究其原因，一方面缘于机构本身对于收入对象的限制，将高龄、失能、经济困难的老人排除在外；另一方面是这些老人本身思想开明，能够较快接受新思想、新事物，且经济条件较为优越。目前，Z 机构老年公寓中入住的很多老人都具有较高的文化层次和较稳定的经济收入，在退休前他们是知识分子、老领导或社会名人。谈及入住的感受，最早入住的退休老教师蒋老师说道：

> 虽然我和老伴儿有较为可观的退休金，但是我们的住房一直是 20 世纪 50 年代的老房子，昏暗潮湿，居住面积也不宽敞，我们把积蓄用于给儿子购买婚房，自己无力再购置新房改善生活条件。后来听别人介绍这边养老机构环境设施特别好，价格也适中，就和老伴儿搬过来居住。入住以后，我们感觉比想象中的还要好，真没想到自己有生之年还能住上带抽水马桶的房子，我们真是幸福。

2001 年开始老年公寓的入住率一下子攀升到 75%，2003 年入住率达到 100%，以后每年都是满员，近几年排队登记等候入住的老人已达上千人，老人轮到入住机构可能需要好几年，甚至十几年。这种状态背后折射出在当今社会背景下，家庭照护功能越来越弱，政府及社会对老年人的照护职能不断增强的现实，而更深一层的含义是，这些老人享受到了政府给予老人床位费的隐形补贴，他们成了社会福利的受益者。如今，公办养老机构像公办重点学校一样，成了社会争抢的香饽饽，因为其价格优惠、设施完善、服务有保障，入住养老机构不再是让人难以启齿的羞耻之事，把长辈送到养老院也不再是缺乏孝心的表现，能够住进公办知名养老机构甚至是件让人艳羡的事情。

（2）从收住健康老人向高龄失能老人转变的阶段

老年公寓空间形态的兴起，使一批老年人的晚年生活得到改善，但同时另外一部分高龄、失能老人则被排除在了国家的福利照护体系之外。民政系统由于长期以来主要承担生活照料职能，行业缺乏专业的医护人员和提供专业照护的能力，因此主要是向身体健康、生活能够自理的老人提供生活照料服务，高龄或是失能的老人则被界定为有疾病的、需要在医院治疗的对象。这样一来老人患上大病、重病或是需要转介到医院治疗，或是不得不被子女接回家中进行照护。需要指出的是，正是因为家庭照护功能弱化或缺失，老人才选择入住养老机构，把老人再次推回家中无疑失去了社会照料的应有之义。

通过医院来解决高龄老人的照护问题也存在现实的困境，老年照护不同于老年急性疾病照护，其需要长期卧床。荆涛（2010）认为，"实施长期护理的目的在于提高由于病理性衰老，或由于正常衰老的老年人的生活质量和生命质量"，如果老年护理院不能将高龄、失能老人列为收住对象，将导致老人在医院长期"压床"的现象频频发生，会挤占大量医疗资源，降低医院床位的周转率。老年人也不像在精神机构接受治疗的病人，最终是要返回家庭和社区的，他们很可能要在机构居住到去世为止，机构将成为他们最终的归宿，如此一来将给医院造成巨大的负担。为了让有困难的老人切实得到照护，同时减轻医疗机构的压力，Z 机构在改建为老年公寓的基础上，实施了老年护理院的扩建，收住对象由健康、自理老人转向高龄、失能老人。入住方式从之前的登记排队入住，变为引入第三方评估，交由第三方对老人的身体、心理、经济情况等多方面予以考核评分，经过评估后被认为确实存在经济困难，需要照护的老人才有资格入住。

吉尔伯特（2004）指出，"社会政策目标群体的定位作为顶层设计主要涉及两个问题：一是如何界定目标定位中'最需要的人'；二是如何将有限的服务资源用于这些'最需要的人'"。因此眼下不单单是讨论老人的照护需求问题，而是哪些人群最需要得到公共照护，我国的公办养老机构照护对象正经历着从泛对象化到由政府界定出最需要社会照护的群体转变。

2. 照护方式：从基本救济到生活照料再到医养结合照护的转变

（1）从基本救济向生活照护转变的阶段

起初，Z 机构作为传统养老院空间设置粗糙，养老设施陈旧，只是保障老人最基本的生活需求，让老人居有其屋。随着社会的发展，老年人的照护需求开始向着多元化的方向发展，最初的基本救济服务已无法满足当前老人更高层次的需求。养老机构对老年人的救济服务向照护服务转变，这是让老人生活得更有尊严的一种表现，相应的在养老机构空间的形态上也发生了巨大的变化，这能够为老人提供更为人性化的生活照料服务。Z机构老年公寓设有独立的卫生间，方便老人经常清洁身体；在设有公共食堂解决老人就餐难的基础上，在每个房间设有单独烧煮区域，使老人能够烹制个性化的食物；开辟了单独谈心室，让老人能够和社工在安全、私密的环境中进行交流，开展精神慰藉工作；设有各种类型的活动空间，为老人开展各类文娱活动和康乐活动提供场所；设有中心绿地使老人能够进行户外运动，有益于老人身体健康，增添老人的生活乐趣等。

（2）从生活照护向医养结合照护转变的阶段

最初在入住条件中，Z机构的老年公寓只是对老人的准入年龄和身体状况进行了限定（60~85周岁、身体健康、生活能够自理、无精神疾病），但并没有从机构自身的照护条件出发，规定老人处于何种身体状况需要转介到其他机构。目前，Z机构采取的办法主要是规劝，但收效甚微，而且居住时间越长、年龄越大的老人越不愿意离开。有研究表明：随着年龄的增长，人们越来越不愿意搬离自己的居住地，在某一个住宅居住的时间越长，就越不可能发展迁居。由于对住房及周边社区的情感归属，以及不愿意被切断的逐渐强化和复杂化的社会网络，从而人们逃避寻求其他地区未知的生活模式（Lee et al.，1994）。离开熟悉的机构到另一种环境会使老年人产生被抛弃和失落的感觉，也会产生对新环境的恐惧感，这将大大不利于老年人的身心健康。

我国养老机构按照所属部门可以分为两大类：一类由卫生部门主管；另一类由民政部门主管。这种政府职能的分割导致了民政、卫生部门难以实现资源共享，而且民政系统下属的养老机构在医保方面处于弱势地位，除了少部分养老机构因为本身有医疗机构能够提供医疗照护服务并享受到医保外，大部分的养老机构都不具备这样的条件，这给老年人的医疗照护服务带来了一定困难（仝利民，2006）。Z机构老年公寓虽然内设医务室，但服务内容以提供日常生活照料为主，以提供吃药、打针、测血压等简单医疗服务为辅，无法为老人提供专业的治疗、康复、护理等医疗保健服务。随着老人年龄增大，对老年医疗照护的需求日益强烈，于是Z机构引入了"医养结合"这一新型的照护模式。根据发达国家的发展方向来看，医疗与养老照护的紧密合作是老年人服务事业发展的必然方向。Z 机构在原有老年公寓的基础上，扩建了老年护理院，不仅开辟出单独的医疗空间，诊疗科室设置更加完善，而且居住环境更加凸显无障碍化和适老化的特征。目前 Z 机构养老空间的建设都是严格按照建筑设计标准来进行的，但"工具性"较强，追求高效的空间设置，并不能适应日渐高涨的"以人为本"的理念。如何巧妙地利用现有空间更好地为老人提供照护服务，同时不断地克服养老机构空间和制度设置上的刚性和机械性，这是医养结合这种老年人照护模式需要思考和完善的问题。

3. 照护需求：从家庭照护到社区照护再到机构照护的转变

养老照顾的发展历程表明，在养老机构主要承担救济功能时期，老人的照护主要由家庭来承担。随着家庭照护功能的逐渐弱化，国家开始大力发展社会养老来作为家庭养老的支撑和补充，具体表现形式：一是大力发展社区养老设施，二是加快养老机构的建设。2001 年，民政部在全国范围内开展"全国社区老年福利服务星光计划"，当时全国各省区市都开始轰轰烈烈地开展社区养老服务设施建设，让老人在家门口就能养老，上海社区养老发展也经历了试点、普及推广、全面发展三个阶段（肖亚梅，2014）。但是几年实践下来，虽然社区居家养老取得了一定发展，但因为缺乏长期稳定的资金支持等原因，社区养老建设开展得并不理想，如水平仍旧偏低，养老服务资源供给不足，人员业务素质较低，专业化水平不高，老年人的医疗保健、精神需求、情感需求，社区养老服务体系不能给予足够的满足（廖鸿冰、李斌，2014）。目前，社区养老服务设施主要是针对生活可以自理或有家人照料的老人（佟渝疆，2014）。

如今，养老机构的居住条件和环境设施相比之前有了较大改善，但是笔者认为对于大部分老人来说，选择机构养老仍是最后一步选择，只要身体条件允许老人还是更乐意在熟悉的环境中养老，和子女在一起享受儿孙绕膝的天伦之乐，养老机构还是无法取代家庭带给老人的亲情感。我们可以做这样的假设，老人首先是在家中寻求照护帮助，家庭内部无力承担时，会先就近到自己熟悉的社区寻找资源，如老年日托所等，而当社区也无法满足照护需求时，最后才会选择到养老机构居住。需要指出的是，基于目前社会养老发展的局限性，当高龄、失能老人身体衰弱到社区养老服务设施都无法满足其照护需求时，他们只能向提供服务更为专业和集中的养老机构寻求帮助。笔者在 Z 机构内开展的入住意愿问卷调查结果显示，针对问卷中"选择入住养老机构的原因"的问题，有70%的老人选择了"社区缺乏相应的照护设施"的选项；针对"您认为哪种方式最适合老年人养老"的问题，有80%的老人选择了"机构养老最适合"的选项。而且机构养老提供的某些特殊服务，如专业的医疗照顾与临终关怀等也是无法由社区养老来替代的（董建军，2010）。当前上海城市居民中高龄老人是人口结构中增长最快的人群，养老机构较为完善和专业，医疗和服务设施能够给老年人提供更为专业的照护，有利于保障老年人的健康，还可以消除空巢家庭的无助等。

从上述 Z 机构空间形态变迁及照护模式的变化中，我们可以看到养老机构空间与照护模式之间存在相互对应、互为建构的关系。一方面，老年照护必须有相应的空间作为支撑和载体；另一方面，养老机构空间形态也会促进或制约着照护模式的发展，养老空间的结构决定了服务设施的配备情况、社会支持网络及与社会其他群体相互作用的方式。养老机构难以提供与其空间形态不符或者是超出其空间形态的照护服务，而且不合理的空间设置还会阻碍照护服务，不同的空间形态对老年人的居住感受、生活质量及生活满意度有着结构性的影响。反之，照护模式的变化也会推动养老机构空间的消解、重构和新空间的产生，使之能够与照护模式相匹配。为什么养老机构会构建出这样的空间形态？这不是人类凭空想象创造出来的，而是基于老年人实际照护的需求，不断实践的结果，这也是养老机构社会性的体现。

参考文献

布迪厄、华康德，1998，《实践与反思社会学导论》，李猛译，中央编译出版社。

布赖恩·特纳，2003，《Blackwell 社会理论指南》，李康译，上海人民出版社。

曹艳春、王建云，2013，《老年长期照护研究综述》，《社会保障研究》第3期。

柴彦威等，2010，《中国城市老年人的活动空间》，科学出版社。

董建军，2010，《中国养老模式的社会化转型与社工介入》，硕士学位论文，山东大学。

厄里·约翰，2003，《关于时间与空间的社会学》，载布赖恩·特纳《Blackwell 社会理论指南》，李康译，上海人民出版社。

范明林，2011，《社会工作理论与实务》，上海大学出版社。

福柯·米歇尔，1997，《权力的地理学》，载包亚明主编《权力的眼睛——福柯访谈录》，严锋译，上海人民出版社。

福柯·米歇尔，2015，《规训与惩罚》，刘北成、杨远婴译，三联书店。

高夫曼·厄文，2013，《精神病院——论精神病患与其他被收容者的社会处境》，群学翻译工作室译，群学出版有限公司。

顾志勇，2005，《非营利组织募捐机制研究》，硕士学位论文，苏州大学。

郭东、惠优等，2005，《医养结合服务老年人的可行性探讨》，《国际医药卫生导报》第21 期。

何雪松，2004，《社会理论的空间转向》，《社会》第 2 期。

吉尔伯特·尼尔，2004，《社会福利的目标定位：全球发展趋势与展望》，郑秉文译，中国劳动社会保障出版社。

荆涛，2010，《建立适合中国国情的长期护理保险制度模式》，《保险研究》第 4 期。

克莱尔·库珀·马库斯、卡罗琳·弗朗西斯，2001，《人性场所——城市开放空间设计导则》，俞孔坚等译，中国建筑工业出版社。

李伟、寒梅，2014，《基于"积极老龄化"理念下的城市适老空间设计研究》，《建筑学报》第 11 期。

廖鸿冰、李斌，2014，《社会工作介入社区居家养老服务研究》，《湖南社会科学》第6 期。

列斐伏尔·亨利，1993，《空间：社会产物与使用价值》，夏铸九、王志弘译，明文书局。

林婧怡，2011，《老年护理机构的功能空间配置研究》，硕士学位论文，清华大学。

罗观翠、雷杰，2008，《"社会福利社会化"的陷阱——以广州老人院舍为例》，《华东理工大学学报》（社会科学版）第 1 期。

门佳蓬，2010，《发展我国老年公寓问题研究》，硕士学位论文，湖南师范大学。

孟聪龄，2014，《单元互助养老公寓的构建》，《太原理工大学学报》第 11 期。

米庭乐，2014，《从公共空间看城市文化建设》，《理论研究》第 6 期。

倪代川、季颖斐，2013，《布迪厄场域理论视域下的大学图书馆场域探析》，《理论研究》第 7 期。

齐美尔，2002，《空间社会学》，载齐美尔《社会是如何可能的：齐美尔社会学文选》，林荣远译，广西师范大学出版社。

钱蓓，2014，《数字里的上海养老现状》，《上海民政》第 4 期。

上海市民政局、市老龄办、市统计局，2014，《上海市老年人口和老龄事业监测统计调查制度》。

邵燕君，2011，《面对网络文学：学院派的态度和方法》，《南方文坛》第 11 期。

宋朝建，2004，《养老院与老年公寓》，《长寿》第 6 期。

苏贾，1998，《后现代地理学》，王文斌译，商务印书馆。

仝利民，2006，《老年社会工作》，华东理工大学出版社。

同心，2011，《场域理论视野下的健康传播——以"张悟本事件"为例》，硕士学位论文，复旦大学。

佟渝疆，2014，《深圳市社区居家养老和机构养老模式的比较分析》，硕士学位论文，厦门大学。

涂尔干，1999，《宗教生活的基本形式》，上海人民出版社。

汪行福，2009，《空间哲学与空间政治——福柯异托邦理论的阐释与批判》，《天津社会科学》第 3 期。

汪原、周卫，1998，《空间理论初探》，《南方建筑》第 1 期。

王美玲，2013，《"9073"的上海养老格局》，《中国投资》第 4 期。

王晴锋，2013，《从列斐伏尔到苏贾：社会科学空间理论的发展》，《哈尔滨师范大学社会科学学报》第 2 期。

王晓磊，2010，《社会空间论》，博士学位论文，华中科技大学。

魏宁，2010，《福柯的权力"微观物理学"》，《社会学研究》第 4 期。

邬沧萍等，2001，《老年人长期照料护理的社会政策和产业开发刍议》，华龄出版社。

肖亚梅，2014，《城市社区老年照护研究》，硕士学位论文，上海工程技术大学。

徐晶，2013，《村落不再，暮年何在》，博士学位论文，上海大学。

薛立勇、曹庆，2014，《何处安心是吾乡——临终关怀机构的空间分析》，《华东理工大学学报》（社会科学版）第 5 期。

杨淑娥、赵宝庆，2011，《日本养老方式变迁及对中国的启示》，《河北学刊》第 3 期。

叶涯剑，2005，《空间社会学的缘起及发展——社会研究的一种新视角》，《河南社会科学》第 9 期。

殷志刚、周海旺，2014，《上海市老年人口状况与意愿发展报告》，上海社会科学院出版社。

袁晓航，2013，《"医养结合"机构养老模式创新研究》，硕士学位论文，浙江大学。

张鸿雁，2002，《城市形象与城市文化资本论——中外城市形象比较的社会学研究》，东南大学出版社。

朱佩兰，2001，《安老与社会工作》，香港中文大学出版社。

Cha，H. B. 1998. *A Study Family Caregivers Preference and Its Determinants for the Long-term Care Service Use for the Impaired Elderly.* Chungang University.

Denzin N. K. , Lincoin Y. S. 1994. *The Handbook of Qualitative Research.* Thousand Oak：Sage Publications.

Lebvre H. 1991. "The Production of Space. " In *Blackwell*, translated by Donald Nicholson Smith.

Lee B. A. , Oropesa R. S. , Kanan J. W. 1994. "Neighborhood Context and Residential Mobility. " *Demography*（31）.

Powell Lawton M. , Nahemow L. , Teaff J. 1975. "Housing Characteristics and the Well-being of Elderly Tenants in Federally Assisted Housing. " *Journal of Gerontology*.

都市社会工作研究　第 5 辑
第 140~157 页
© SSAP, 2018

社会支持视角下艾滋病患者社会再适应研究

——以香港爱滋宁养服务协会和郑州六院为例

任秋梦*

摘　要　本文以社会支持为研究视角，采用无结构式访谈、参与式观察、文献研究的方法获取资料，探讨香港和内地艾滋病患者的社会再适应状况。通过对比两个个案的社会再适应情况，探讨处于相同阶段的艾滋病患者，不同的社会支持情况对其社会再适应的影响。研究发现，艾滋病患者在经济、生理、心理和社会交往方面都存在着普遍的社会再适应问题，而有力的社会支持能促使艾滋病患者更快地进行社会再适应。在患者社会再适应的过程中，来自家庭方面的支持需要贯穿始终。

关键词　艾滋病患者　社会支持　社会再适应

一　研究背景

（一）问题的提出

艾滋病（Acquired Immune Deficiency Syndrome，AIDS）自 1981 年被美

---

*　任秋梦，上海大学社会学院社会工作专业硕士，研究兴趣为医务社会工作、特殊人群社会工作等。

国疾病控制中心首次确认以来，迅速蔓延至全球。到目前为止，艾滋病已经遍及全球五大洲，病死率高达 50% 以上，已然成为流行当今世界的一种"新瘟疫"。目前，全世界有 3500 万人携带艾滋病病毒。我国在 1985 年发现首例艾滋病患者以来，已经成为亚洲艾滋病蔓延最快的国家之一（见图 1）。

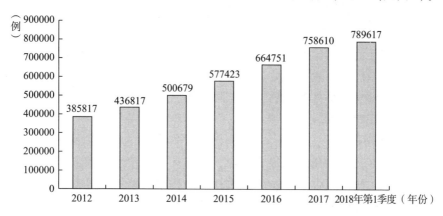

图 1　2012 年至 2018 年第 1 季度现存活艾滋病病毒（HIV）感染者/AIDS 病人人数

资料来源：中国疾病预防控制中心，智研咨询整理。

截至 2018 年 6 月 30 日，中国疾病预防控制中心报告现存活艾滋病病毒（HIV）感染者/AIDS 病人 820756 例，报告死亡 253031 例；现存活 HIV 感染者 479991 例，AIDS 病人 340765 例。

对于艾滋病的治疗，尽管全世界有众多医学研究人员致力于医疗的发展，但至今尚未研制出可以根治艾滋病的特效药物，也还没有可用于预防艾滋病的有效疫苗。艾滋病患者突如其来的疾病、经济的损耗和其所遭到的来自社会的歧视，使患者的个体支持网遭受较大的破坏。这时来自外界有力的社会支持网有利于艾滋病患者身体机能的恢复，缓解其心理压力，从而更好地再适应社会；而恶劣的社会关系则会损害他们的身心健康，甚至造成恶意伤害的结果。

（二）研究的主要问题

本文将艾滋病患者作为研究对象，从社会支持视角出发，通过与他们的深入访谈，了解艾滋病患者社会再适应状况，以及探究社会支持对其社会再适应过程的影响，因此本文致力于研究以下三个问题。

第一，艾滋病患者在社会再适应过程中遇到的问题有哪些？

第二，艾滋病患者的主要社会支持有哪些？

第三，在艾滋病患者的社会再适应过程中，各种社会支持分别在其再适应过程中的作用是什么？

（三）概念界定

1. 艾滋病

本研究中的艾滋病患者是指艾滋病感染者（HIV）和艾滋病人（AIDS）的总称。艾滋病感染者指艾滋病病毒抗体呈阳性，但是尚无临床症状和体征的人；艾滋病人是指艾滋病病毒抗体呈阳性，临床上出现条件性感染或恶性肿瘤等症状的人。

2. 社会支持

关于社会支持的概念有很多讨论，人们从不同角度对社会支持给予了不同的界定。林南综合了众多学者对社会支持的讨论给出了一个综合的定义：社会支持是由社区、社会网络和亲密伙伴所提供的感知的和实际的工具性或表达性支持。同时，社会支持按照来源可以分为正式的社会支持与非正式的社会支持。正式的社会支持指来自政府、社会正式组织的各种制度性支持，主要是由政府行政部门，如各级社会保障和民政部门，以及准行政部门的社会团体，如工会、共青团、妇联等；非正式的社会支持主要指来自家庭、亲友、邻里等非正式组织的支持。本文主要考察艾滋病患者来源于政府、医院和社会组织等正式组织的社会支持，以及来自家庭、亲友和病友的非正式社会支持。

3. 社会再适应

社会再适应与社会适应紧密相关，但两者又有明显的区别。以往我们所说的社会适应，是个体周围环境改变了，需要通过改变自身的观念与行为来适应新的环境，而本文研究的对象是个体自身身体状况发生了变化，为了适应自身的改变，需要重新改变以前的观念来达到与社会的良性互动。本研究将从经济、生理、心理和社交四个方面探讨其社会再适应情况。

二　文献综述

（一）有关艾滋病的研究

1981 年 6 月 5 日，美国疾病预防控制中心在《发病率与死亡率周刊》

上登载了 5 例艾滋病病人的病例报告，这是世界上第一次有关艾滋病的正式记载。1982 年，这种疾病被命名为"艾滋病"。不久以后，艾滋病迅速蔓延到各大洲。1985 年，一位到中国旅游的外籍人士患病入住北京协和医院后很快死亡，后被证实死于艾滋病，这是我国第一次发现艾滋病病例。自此以后，国内学者开始关注并致力于研究有关艾滋病的议题，对于艾滋病的研究主要有以下几个方面：一是关于不同地区、不同人群感染状况调查研究；二是关于艾滋病基础和临床进展研究；三是艾滋病的预防与干预研究；四是对艾滋病人群污名与歧视的研究；五是关于艾滋病患者生活质量的研究；六是有关艾滋病宣传教育的研究；七是关于艾滋病的影响研究。

虽然近几年来学者对艾滋病的研究已经很广泛，但大多是从医学、护理学与康复学角度，本文从社会学角度出发，探讨社会支持对于艾滋病患者社会再适应的影响。

（二）艾滋病社会支持的相关研究

从目前社会支持的相关文献来看，国内外学者主要对社会支持与心理健康之间的联系做了大量研究。自 20 世纪 70 年代精神病学引入社会支持这一概念以来，国内外就从社会学和流行病学的评定方法分析社会支持对心理健康的影响。洛克（Locke，1989）提出社会支持有助于保护自我概念而减少精神上的应激反应。1987 年肖水源等人应用病历配对方法研究应激、社会支持等社会心理因素对消化性溃疡的影响，这是我国最早探讨社会支持与身心健康关系的研究。继医学界后，很多研究者又从心理学、教育学等方面对社会支持进行研究。关于社会支持的研究还涉及社会支持对人口学特征以及个人发展的影响等方面。

综观所有的研究，社会支持理论应用广泛，似乎遍布所有群体与问题。近年来也有学者从社会支持的角度来探讨艾滋病有关议题，比如探讨艾滋病医护人员社会支持与心理健康关系及其预测作用，为改善艾滋病医护人员心理社会环境提供依据；某地区 HIV 感染者/AIDS 患者的社会支持调查，为探索建立适合某地的艾滋病社会支持模式提供科学依据。对社会支持与生活质量的研究也很多，但是他们较侧重生活质量的研究，注重生活质量这个结果。本文从小切口入手，探讨艾滋病患者的社会支持对其社会再适应的作用，以及建立怎样的社会支持网络能更好地帮助其在经济、生理、心理、社交方面再适应。

（三）关于艾滋病社会再适应的研究

在社会学中，最早使用"社会适应"一词的是著名社会学家斯宾塞，他认为"生活即是内在关系与外在关系的调适"，个体对外界环境的适应包括一系列自主的适应过程，表现为顺应、自制、遵从、服从、同化等具体的适应方式。社会学辞典中是这样界定的：社会适应是个人和群体调整自己的行为使其适应所处社会环境的过程。张海波等在研究失地农民的社会适应问题时，将其界定为"社会适应是一个过程，是行动者对周围环境变化的主动和被动的调适，既包括客观层面，也包括主观层面，可以操作化为经济生存、社会交往、心理认同等三个维度"（张海波、童星，2006）。

关于艾滋病患者社会适应的研究，刘斌志以社会工作的视角，运用文献回顾的方法，总结了艾滋病患者家属在自我价值、心理情绪、婚姻家庭、日常生活、人际关系以及社会环境适应等方面存在需求，并希望获得健康照顾、情绪支持、健康教育、经济协助、人际支持、社会接纳以及临终关怀等，强调运用社会工作的方法对艾滋病患者及其家属进行干预（刘斌志，2013）。

总而言之，以往关于社会适应的研究主要突出的是由环境的变化所引发的，无论是农民工的研究还是移民的研究都是由于环境的变化带来的社会适应问题，而对于艾滋病患者来说，环境并没有发生变化，而是自己本身首先发生了变化。由于艾滋病使他们的人生轨迹发生了改变，于是他们不得不应对由于自己的改变所带来的对环境的不适应，同时也要应对自己的改变所引发的社会排斥与社会歧视，因此我们把它界定为社会再适应，即个体和群体由于自身条件（生理条件）的改变，放弃原已习得的价值观念、生存策略和社会交往形式，重新建立新的价值观念、生存策略和社会交往形式，以期与环境改变的社会适应相区别（周姝，2014）。

本文围绕经济、生理、心理和社交四方面来探讨艾滋病患者社会再适应情况，以及艾滋病患者的社会支持会对其社会再适应的影响，期待建立更好的社会支持网来帮助艾滋病患者更好地进行社会再适应。

三 研究思路

（一）研究分析框架

本文将依据以下的分析框架展开具体的研究（见图2）。

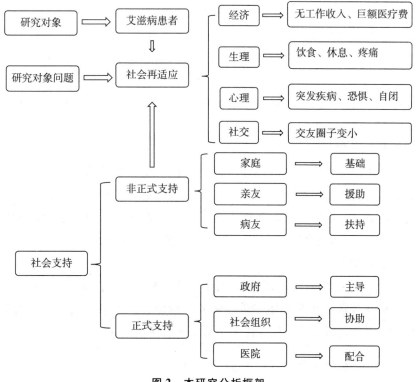

图 2 本研究分析框架

（二）具体研究方法

1. 参与式观察法

笔者借助两次实习的机会，与艾滋病患者深入接触，借此机会观察他们的生活状态及行为。第一次是在香港爱滋宁养服务协会实习一个月，与艾滋病患者进行了一月的接触，跟艾滋病患者一起吃饭、制作手工艺品、参与小组活动、共同参加义卖活动等，实地观察其社会再适应情况。第二次是在郑州六院实习半个月，早上在门诊部心理室帮助医护人员接待前来咨询的艾滋病患者，下午进入病房与患者交谈三个小时左右，以及跟着主治医师查房，观察患者的生活状态。同样，每次访谈都列好提纲，访谈结束后都有个案日志的记录。

2. 无结构式访谈

笔者一共访谈了 11 位艾滋病患者，有 5 位香港爱滋宁养服务协会会员，他们是通过协会工作人员介绍的，处于不同阶段的艾滋病患者，社会再适应都存在一定的问题，我们跟案主在协会个案室进行会谈或者上门访谈，提前列好访谈提纲，每次谈话约 1~2 个小时，谈话后都有个案日志的记录。另外 6 位为郑州六院的病友，在医院访谈时我们直接到病房中去。在访谈过程中，笔者围绕案主发现患病后的社会再适应相关的话题，对经济、生理、心理、社交等方面的社会再适应，以及得到的社会支持进行全面了解，并对受访者的个案进行整理、编码，探讨其社会再适应的状况，以及其社会支持强度如何。同时，通过与患者家属、协会工作人员与医院医护人员的谈话，全面了解案主的情况。

3. 比较研究

通过比较分析香港和内地处于同一阶段的艾滋病患者，探析两个不同个案的社会支持情况如何，其社会再适应情况怎样，吸收各自的社会支持的优势和不足，提出建议和策略。典型案例的对比分析有助于把两地患者不同的社会支持方面及社会再适应情况更鲜明地展现出来。

4. 文献研究

本文采用文献研究方法收集了关于"艾滋病""社会支持""社会再适应"的概念理解、研究综述和质性研究的应用，还收集了关于艾滋病患者的相关知识和政策支持，以支撑和丰富本文的研究。

（三）调查地点及访谈对象情况介绍

香港爱滋宁养服务协会，是香港一家关于艾滋病的康复与训练机构，他们的会友都是处于不同阶段的艾滋病患者，他们有的是医院转过来的，有的是自己找上门的。笔者在一个月的实习期间，通过实地观察与个案访谈了解到，该协会部分会员与常人并无较大的差异，身体恢复较好的会员能够生活自理，定期参与协会的活动，成为中心的志愿者；身体恢复较差的会员居住在家里，由政府提供或者由协会链接到养老院，并有社会工作者、护工、康复师定期对其进行身体检查、康复治疗训练。郑州六院是河南省一家传染病医院，笔者实习期间，发现入院患者每日输液时间达 8~16 小时不等，很少离开病房，生活比较枯燥。入院陪护的家属一般是 1~2 人，多为患者父母、子女或者配偶，家属自带折叠床，躺在病房或走廊。也有患者独自求医入院治疗，自行解决饮食起居、住院手续、会诊等事情，鲜有亲戚朋友的看望。出院的患者也是很少与他人交谈，自我封闭严重。本研究主要使用无结构式访谈法，共访谈了11位艾滋病患者。笔者对11位访谈者进行了基本信息的编码，如表1所示。

表1　个案基本信息描述

序号	个案编号	性别-年纪（岁）	受访者地域	身体状况	病史	家庭成员	享有的国家政策
1	Z-01	M-24	C	发病初期，带有食道疾病	不到1年	病前和女友居住，在医院由母亲照护	无
2	Z-02	M-64	C	发病期，发烧	约3个月	自己	医保、老年补助
3	Z-03	M-48	N	发病期，呼吸困难	约1年	妻子、孩子	低保
4	Z-04	F-45	N	发病期，发烧	1~2年	丈夫、孩子	医保
5	Z-05	F-60	N	发病期，拉肚子	1年	自己	医保
6	Z-06	F-57	N	发病期，长期服药，骨质疏松	3~4年	丈夫陪同照顾	低保、医保
7	S-01	M-65	C	稳定期，跟"常人"一样	约20年	与妻子、儿子一起住，但他们之间不说话	医保
8	S-02	M-63	C	发病期，伴有结核	3个月	与妻子、小儿子同住	医保、廉租房
9	S-03	F-54	C	发病期，伴有胆结石	2~3年	丈夫、女儿	医保
10	S-04	F-44	C	稳定期	1~2年	跟儿子居住	医保
11	S-05	F-56	C	稳定期	6~7年	和母亲居住	医保

注：Z代表郑州六院，S代表香港爱滋宁养服务协会；F代表女性，M代表男性；C代表城市，N代表农村；病史时间为患者初次病发入院至访谈结束时期。

四　艾滋病患者社会再适应过程分析

（一）艾滋病患者社会再适应问题探析

1. 经济再适应困境：看不起病，不想治了，死了算了

突如其来的疾病，让很多人失去工作，加上看病的花销，使整个家庭背上巨大的压力，有的家庭向亲戚借钱才勉强付得起医药费。案主Z-03在住院的二十来天花了四五万元，对于一个农民来说，这是天大的开销，40多岁的年龄，上有老下有小，这位患者的妻子在照顾他，看起来妻子明显比同龄人老很多。案主Z-06也是农村户口，家里有几亩地，有一个上大学的儿子，虽然有低保，但是一生病，花光了家里所有的积蓄，本来一家靠丈夫在外地打工挣钱，但是如果丈夫生病后，也得有人照顾，家里几个月就没有收入，再加上巨大的开销，孩子还在上学，已经欠下亲戚几万块钱。

> 真的是看不起病，有时候想想要不不治疗了，回家吧，尽拖累家里。家里有老的、有小的，治病借亲戚很多钱了，真不知道以后怎么还。（Z-03）

> 真想今天就回去，在这太烧钱了。就这十来天，花了很多钱，还借了亲戚几万块钱，还好自己兄弟姐妹多，也比较好，要不然看不起病了。（Z-04）

> 租出去的大排档摊位的钱只够我买菜回来做饭用，每天我都会到体育馆洗澡，为了省钱，还会参加各种讲座，他们会送小礼品。（S-01）

2. 生理再适应困境：身体的折磨，使自己面目全非

艾滋病发病期间，一般会伴随着各种疾病，呼吸道、消化道、神经系统、皮肤和黏膜损害、肿瘤等疾病；持续发烧、虚弱、盗汗，持续广泛性全身淋巴结肿大；体重在3个月之内下降可达10%以上，最多可降低40%，病人消瘦特别明显。在实习期间，笔者看到许多案主非常消瘦，没有力气。男性抱怨自己现在一点劲儿也没有，女性抱怨自己现在怎么成这样，都不敢照镜子。案主Z-01、S-02特别明显，几乎可以用骨瘦如柴来形容。案主S-02半年时间瘦了30磅（约27斤）；Z-01正值青少年时期，现在的他不敢照镜子。

> 自己现在跟鬼一样，太痛苦了，还有结核病，吃药的副作用实在是太痛苦。27号我去医院抽血检查，抽了好多血，现在很难受，四肢无力，一人在家很害怕跌倒。自己很害怕去医院检查，每次要抽好多血。本来就虚，抽完血之后自己的身体也需要很多的时间去恢复。（S-02）

我一直以来都很瘦，但是现在更可怕，现在明显感受到我身上的肉是松的，一点力气也没有。我谁也不想见、不想理，我也不敢看镜子，我现在很丑吧？（Z-01）

3. 心理再适应困境：恐惧、孤独、自闭

直到今天，大多数人还是会"谈艾色变"，由于公众对艾滋病的误解或者说对艾滋病知识了解甚少，很多人对艾滋病人都持有"嫌弃"的态度，甚至有些家人知道其得病的原因，也会隔离他们、怨恨他们。有些艾滋病患者对艾滋病的知识也不是了解很多，心里产生很多恐惧，觉得艾滋病是治不了的。有些患者会因为自己得病的原因，觉得没脸见人，怕身边人嘲笑自己，会把自己封闭起来。案主 Z-02 得病初期，在县里看病时，被医生歧视，建议他赶紧去郑州六院看看。案主 S-01 自从得病后，妻子带着儿子就单独过，虽住在一个房子里，到现在与他的关系仍然像陌生人一样，他现在一点也感受不到来自家庭的支持。

我之前在我们县城医院看过病，他们医生态度很不好，知道我得这种病，就直接给我说，我们这儿治不了，你去郑州六院大医院看吧。我心里很不好受，感觉被人看不起。如果国家支持安乐死的使用，那多好，好多人会少受折磨，如果有，我就选择，活着没意思，让人看不起。（Z-02）

十几年前，我老婆知道我得这个病就带着儿子单独过了，虽然我们住在一个房子里，但是不说话，我知道她恨我，她让儿子也不跟我说话。我现在每天都出来，等吃饭点儿再回家自己做。（S-01）

他知道自己得的这病后，很害怕，拒绝配合医生的治疗，前两天自己还偷跑了出去，我很担心，一直在找他，他说他很害怕，很怕死。（Z-01 母亲）

4. 社会交往再适应困境：交往圈子越来越小

从参与观察与访谈中可以看出，不管是因为被动排斥还是主动疏远，再加上自己的身体状况，患者的交友圈明显缩小。另外，就医过程中受到的歧视，对患者的影响很大。发现自己生病后，患者就医首先接触的是医生，医生看病过程中的冷漠与排斥，会给患者造成巨大的心理阴影，他们会觉得整个世界都会看不起他们，于是会断绝与他人的来往。

> 生病后，我就很少跟很多朋友联系了。以前我跟生意场上的朋友经常出去吃饭聚会，现在不了，也不联系他们了，因为我心理上还是有落差的。(S-02)

> 我谁的电话也不接，微信也不回，也没告诉别人我生病了，我很烦，不想见人，也怕他们笑我。(Z-01)

> 之前的朋友很少联系了，也不想跟她们联系，她们总是背地里议论我，说这说那的。(S-04)

（二）两个社会再适应个案的社会支持对比分析

以上是受访者普遍存在的社会再适应问题，下面我们将通过两个不同地域，但都处于艾滋病初期阶段的患者进行对比分析，更好地来说明社会支持的重要性。一个是来自郑州六院的案主 Z-02，另一个是来自香港爱滋宁养服务协会的案主 S-02，探讨患者在此期间有哪些社会支持，哪些是缺少的，以及缺少之后会怎样，最后通过对比两者之间的优势与不足，提出提高患者社会再适应能力的策略。

1. 案例 Z-02、S-02 基本情况

张叔，64 岁，艾滋病初期，有 3 个子女，3 个月前第一次进医院，当时因为有肺病，在防疫站亲戚的说服下来郑州六院看看。他一个人来到医院，得知自己得了艾滋病，也不敢告诉家人，现在在医院已经住了十几天。根据张叔说的，他有医保，还有一个年纪超过 60 岁时每个月几十块钱的老年补助，但这根本不够看病的，在这儿住的十几天，已经花了三四万元。自己一个人在这儿住也不方便，每次都是举着输液瓶去买饭。他说本来没有什么病，来到医院一直输液，身体越治越差，说现在身体非常虚弱，都是因为吃药把肝脏给吃虚了，说刘主任给他说治疗失败了。他说觉得自己活着没意思，精神上太痛苦了，这是国家不支持安乐死，如果支持，他就想死了，万念俱灰。经济上的压力、身体的折磨、精神的低落、自我封闭使张叔的总体情况很糟糕。

德叔，63 岁，艾滋病初期，伴有结核病。他说是自己生日的时候，由于自己和朋友一起喝了太多酒，所以导致自己的大脑不够清醒，和某个小姐发生了关系，自己也没有采取避孕措施，最终导致自己染上了艾滋病。他说刚开始自己不知道自己得了艾滋病，而是因为自己身体出现不适的时候，去医院检查之后才得知染上了艾滋病。刚开始就是无休止的住院和化验血，这期间非常痛苦，一度有放弃治疗的想法，最终在儿子和医生的协商下决定继续接受治疗。现在他积极配合医生和护士的治疗，按时吃药和接受检查。德叔虽然身体情况很糟糕，但有力的社会支持使他有勇气面对疾病（见表2）。

表2　个案支持情况

案主	家人、亲友	医院	政府	社会组织
Z-02	防疫站亲戚	郑州六院	医保、老年补贴	无
S-02	妻子、儿女、亲戚	伊利沙伯院	医保、廉租房、ART药免费	香港爱滋宁养服务协会

2. 经济再适应

Z-02除了自己一生的积蓄、医保和老年补贴外，没有其他的经济支撑，住院的十几天，花了三四万元，而医保能报销的艾滋病药物少之又少，而内地对艾滋病发病治疗时的费用是很高的。S-02发病前一直做生意，有经济的支撑，有子女的援助，加上香港ART药免费，其没有为医疗费苦恼。

　　住了十几天，花了三四万。我存的钱是养老用的，但是突然发现得了这病，没办法，只能先花了。家里有医保，但是我用这药很少能报销的。还有每个月的老年补贴，一月几十块钱，不够这一针的钱。（Z-02）

　　我家里除了我和小儿子，其他人都不知道我是艾滋病，就以为得了肺结核。他们平常都来看我，会给我买奶粉啥的，小儿子会带我去医院拿药。这些药医院一次配一周，都是免费的。（S-02）

3. 生理再适应

Z-02和S-02都处于发病初期，都处在抗药性阶段，处于对药物的适应期，常常伴有恶心、呕吐的现象，病痛的折磨都使他们骨瘦如柴，他们都有过放弃治疗的念头。

本来没有什么病，来到医院一直输液，身体越治越差，现在身体可虚弱，都是因为吃药把肝脏都吃虚了，刘主任亲口给我说治疗失败了。活着真没意思，精神肉体都太痛苦了，这是国家不支持安乐死，如果支持，就想死了，我现在万念俱灰。（Z-02）

刚开始就是无休止的住院和化验血，非常痛苦，想放弃治疗。最终在儿子和医生的说服下决定继续接受治疗。你们看我现在瘦得，半年瘦了 30 磅，什么都吃不下，只能喝汤汤水水。（S-02）

4. 心理再适应

案主 Z-02 在艾滋病初期没有得到家庭支持，心里很脆弱，有较低的自尊；而相比之下，S-02 在家人的支持下，明显心里会想得开一点，心理压力小一点。

我自己来看病的，没有告诉儿子和女儿们，他们都忙，他们不知道我生病了，我也不想让他们知道。是防疫站的亲戚一直劝我，让我来郑州大医院看看，我才来的，其他人都不知道。（Z-02）

家里人只有我和小儿子知道我得的什么病，太太不知道我患有艾滋病，所以每次吃药的时候，都不敢当着太太的面，而是自己私下里偷偷地吃药。小儿子接受过高等教育，留过学，思想比较开放，对艾滋病也有很多了解，小儿子明白我的难处，也比较孝顺。不敢告诉其他家人，是因为我的二女儿和太太可能不会接受我，而有可能逼着我去跳楼，所以一直都没有告诉其他的家人。希望自己能活到 76 岁就行。（S-02）

5. 社交再适应

案主 Z-02 在就医的第一时间，受到医生的歧视，以至于他在心里认为，遭人看不起，活着一点意义都没有，而更加封闭自己。而 S-02 生病后，受到家人与医生的鼓励，每周还会有香港爱滋宁养服务协会的工作人员去探访，没有失去对生活的希望，之前还会与几个好友在附近喝茶，现在虽然身体不允许自己活动了，但常会有亲戚探访。

我在我们小县城医院看病的时候，医生和护士的态度很不好，之

后他们查出我的血液可疑，就直接对我说你去大医院看吧，我们治不了。（Z-02）

刚刚在这儿坐着的是小孩的舅舅，他来看看我。我之前身体好点的时候还会和几个朋友一起去楼下附近喝下午茶，身体好的时候朋友很多，现在不咋联系了，因为身体状况不允许嘛。说实话，还是羡慕健康时的生活。（S-02）

（三）正式社会支持的作用

1. 政府的经济支持

相比于案主 Z-02，S-02 有 ART 免费药，ART 药是 10 港币（约合人民币 8.8 元）一份，验血检查是 60 港币（约合人民币 53.3 元），发病期间医疗费用是 100 港币（约合人民币 88.8 元）一天，手术全包括在内。而在内地，发病住院，一天费用极高，案主 Z-02 住院的十几天，花费了几万元。目前，我国内地艾滋病领域的相关政策法规主要有《艾滋病病毒感染者和病人管理办法》、《艾滋病防治条例》、四免一关怀政策（姜爱林，2006）。在艾滋病发病前期，内地的 ART 药是免费的，所有自愿接受艾滋病咨询和病毒检测的人员，都可以在各级疾病预防控制中心和各级卫生行政部门指定的医疗机构免费咨询和进行艾滋病病毒抗体初筛检测，但是很多人并不知道这项服务免费，自己也没有相关意识去检查自己的身体，等到了发病期进入医院，收费就很高了。根据政府政策支持的比较，可知政府对艾滋病人的支持可以减缓艾滋致贫的速度。

2. 医院的医疗与精神支持

案主 Z-02 在就医的第一时间，就受到医生的歧视，以至于他心里认为，遭人看不起，活着一点意义都没有。在转入郑州六院的日子，由于医生与护士没有耐心地与病人交流其病情，案主心里一直存在对医院的不满。而 S-02 受到伊利沙伯医院与医生的专业治疗与鼓励。艾滋病患者发病的第一时间，接触的是医生，并且在以后的日子里，患者经常接受治疗的地方也是医院，而艾滋病患者在最初接受的医疗服务中，相关医生对其的接受程度也影响着其感染后的接受社会的心态。拥有同样的专业治疗，但是案主 Z-02 并没有获得来自医护人员的鼓励，缺乏对自己病情能转好的信心。所以，医院不仅应为患者提供医疗的支持，还应为患者提供精神方面的鼓励。

3. 社会组织的心理与社交支持

Z-02 在医院接触到的除了病友之外就是医护人员，并没有得到来自社会的支持，而且他心理上压力超级大，觉得活着没意思。而 S-02 从得病之后就被链接到香港爱滋宁养服务协会，协会工作人员每周都会去家里探访，问问他的情况，患者心里会觉得他不是孤独的，起码有的事情不能让妻子知道，但可以与协会工作人员商量。由此可见，来自社会组织的支持对患者来说也是必不可少的。如果在得知得病后有一个或者几个懂他的人在身边鼓励他，给他讲解艾滋病并不可怕，那么他心理上的压力会减少很多。有些社会组织还可以帮病人链接资源，不管是从物质上还是精神上，都能给予患者很大的支持。恢复较好的患者也可以定期参加社会组织举办的活动，扩宽其朋友圈。

（四）非正式社会支持的作用

1. 家庭经济与情感支持

在发病初期，看病需要花费很多钱，家庭可以为患者分担巨额医疗费，同时也会给患者有力的情感支持。案主 Z-02 在艾滋病初期并没有得到家庭的经济与情感支持，心里很脆弱，有较低的自尊，觉得活着没意义；而相比之下，S-02 在有家人的支持下，明显心里会想得开一点，心理压力小一点。来自家庭的支持是艾滋病患者整个阶段都需要的，人们常说"家是所有人温暖的港湾"，当人们发生一些比较糟糕的事情的时候能想起的第一个就是家庭。对艾滋病患者来讲，当他们得知自己感染了艾滋病后，他们会在第一时间回到家中，那时他们最渴望的事情莫过于被家人接纳，并且得到家人的照顾。家人的接纳可以说是治愈他们心灵的良药。

2. 亲友的经济与心理支持

亲友的支持是患者社会网络中主要的支持来源，仅有家庭的支持是比较薄弱的，家庭毕竟也是疾病袭击的主体，家人遭遇突如其来的疾病，家人也会感到无助和悲伤，他们也需要亲戚朋友的支持与鼓励。案主 Z-04 发病住院，家里根本承担不起巨额的医疗费用，通过向几个兄弟姐妹借钱，才能维持治病，而且几个亲戚还经常打电话来关心，让她感觉自己不是一个人在面对疾病。案主 S-02 常有亲戚探望，也使他感到温暖。案主 Z-02 只有防疫站亲戚专业知识的支持，除此之外没有来自其他亲朋好友的支持，他内心感到很孤单、自卑，感觉活着一点意思也没有。

3. 病友的心理社交支持

以上两个案例处于发病期间，并没有真正建立病友的感情。而笔者访谈的对象大都表示，他们很开心有这些"朋友"，感觉跟自己一样的人交朋友，不会担心他们歧视自己，他们会很明白自己的感受。尤其是香港爱滋宁养服务协会的会员，他们每天都会来中心活动，在这里他们一起做手工、一起看电视、一起聊天、一起吃饭等，这使他们的生活丰富多彩起来，不会再觉得自己一个人很孤单。

五　结论与建议

从以上案例的社会再适应情况与社会支持情况的结合分析可知，不管是在香港还是内地，艾滋病患者在经济、生理、心理和社会交往方面都存在着或多或少的问题。有力的社会支持对其社会再适应具有重要的作用，家庭亲友支持的缺失，会使患者在经济和心理方面的再适应出现问题，没有家庭经济的支援和家人的支持，患者容易自暴自弃，封闭自己；病友支持的缺失，会导致患者社会交往方面的缺失，得知自己得病后，很多患者都选择切断之前的朋友圈，而病友的出现会让患者不觉得孤单与无助；医院支持的缺失，使患者在生理和心理方面的再适应出现问题，患者容易出现不配合医院治疗的情况，还会出现自卑心理；政府支持的缺乏，易使患者陷入贫穷与歧视中，家庭因病致贫，患者会出现愧疚心理，拒绝治疗，社会大环境的异样眼光也会使患者逃避世界；社会组织支持的缺失，会使患者在心理和社交方面出现问题，没有社会组织的参与，患者很少能敞开心扉融入集体。可知，社会支持的缺失是患者社会再适应问题的重要原因。基于以上结论，笔者试提出以下有助于艾滋病患者社会再适应的对策建议。

1. 以家庭为基础

家庭的支持是基础。艾滋病患者所需要的经济或心理支持，很大程度上都来自家人。如果连自己的家人都不愿向病人伸出援手，那患者心里会是怎样的绝望。家人应该在第一时间给患者精神上的鼓励与经济的支持，当然，疾病的降临不论对患者还是家庭都是打击，家庭也需要再适应，这就需要家人组成坚强的社会支持网，相互依赖、共同前进。

2. 以政府为主导

政府通过建立、完善社会保障和社会救助制度，为保障艾滋病患者的基本生存条件，建立相关的艾滋病感染者的最低生活保障体系，建立"不歧视、不排斥"的社会支持网络。有些人因患病而无法工作，无法满足最基本的生活需求，应该获得相应的政府的最低生活保障，以满足其最基本的生活需求，促使其更好融入社会。

3. 社会组织的协助

社会组织是非政府组织，我们的社会需要更多的社会组织来做些政府不能做的事，或者说是政府有心做而无力做的事。政府在艾滋病防治工作中是监督指导的角色，而社会组织则是具体执行的角色，它们像一股新鲜血液注入社会，使社会充满朝气。对于艾滋病的救助，社会组织应该建立系统的帮扶制度，在链接资源、心理辅导、危机干预等方面发挥作用。

4. 医院的配合

建立健全相关医疗机构的保密机制，增设监督部门，以此来建立医务人员对艾滋病患者的尊重，保障其隐私权。医务人员有着重大的责任和义务对感染者进行保密和医疗。增加医务人员对待患者医疗态度与照护责任的培训，不断提高艾滋病预防部门与医务人员的综合素质，对于经常从事艾滋病治疗工作的医务人员，应提供相关培训的机会，培养他们对待患者的责任感，并树立相关医疗标兵，以此来树立人道主义的医德、医风。

参考文献

姜爱林，2006，《关于制定我国〈艾滋病防治条例〉若干问题研究》，《浙江工商大学学报》第 2 期。

李真、绳宇，2015，《艾滋病患者感知歧视影响因素及护理干预研究进展》，《护理学杂志》第 1 期。

廖晨歌，2010，《国外艾滋病患者人权保障与立法制度》，《辽宁医学院学报》第 2 期。

刘斌志，2013，《毒瘾艾滋病感染者的社会适应历程及影响因素》，《南京人口管理干部学院学报》第 3 期。

吕卓文、陈张承，2016，《社会支持视角下的海南省艾滋病的防治研究》，《赤峰学院学报》（自然科学版）第 22 期。

马颖，2013，《社会资本与艾滋病防制的关系及策略研究》，博士学位论文，安徽医科大学。

孟晓鸣，2012，《艾滋病患者的社会适应策略研究》，硕士学位论文，华中师范大学。

明中强，2009，《广西壮族自治区接受抗病毒治疗的艾滋病患者生活质量及影响因素的研究》，博士学位论文，北京协和医学院。

宋丽玉、曾华源等，2002，《社会工作理论——处遇模式与案例分析》，台湾洪叶文化事业有限公司。

吴丹，2009，《艾滋病患者的社会支持与生存质量》，博士学位论文，武汉大学。

肖水源、杨德森，1987，《社会支持对身心健康的影响》，《中国心理卫生杂志》第 4 期。

杨玉真，2013，《心理干预对社区艾滋病患者负性情绪、社会支持及生活质量的影响》，《江苏医药》第 9 期。

张长伟，2013，《从社会救助到社会保护：艾滋病致孤儿童社会福利体系的重构——以河南省 S 县为例》，《中国青年研究》第 6 期。

张海波、童星，2006，《我国城市化进程中失地农民的社会适应》，《社会科学研究》第 1 期。

张慧，2004，《污名与歧视：以中国的艾滋病为例》，硕士学位论文，清华大学。

张霞、张晓雯，2011，《医学应对方式与社会支持对艾滋病病毒感染者/病人生存质量影响的研究》，《中华疾病控制杂志》第 9 期。

张友琴，2002，《社会支持与社会支持网——弱势群体社会支持的工作模式初探》，《厦门大学学报》（哲学社会科学版）第 3 期。

周姝，2014，《艾滋病患者的社会再适应研究》，硕士学位论文，沈阳师范大学。

House J. S. , Landiis K. R. , Umberson D. 1988. "Social Relation and Health. " *Science*：241.

Lin N. , Ensel W. M. 1989. "Life Stress and Social Stress and Health：Stressors and Resources. " *American Sociological Review*（3）：82 – 399.

Lloyd C. 1995. "Understanding Social Support within the Context of Theory and Research on the Relationship of Life Stress and Mental Health. " In *Social Support and Psychiatric Disorder*, edited by T. S. Brugha, pp. 41 – 60. Cambridge, UK：Cambridge University Press.

《都市社会工作研究》稿约

为推进都市社会工作研究和实务的发展，加强高校、实务机构和相关政府部门的专业合作，上海大学社会学院社会工作系与社会科学文献出版社决定合作出版《都市社会工作研究》集刊，特此向全国相关的专业界人士征集稿件。

一 出版宗旨

1. 促进都市社会工作研究的发展。社会工作系希望通过本集刊的交流和探讨，介绍与阐释国外都市社会工作理论、方法和最新研究成果，深入分析国内社会工作各个领域里的问题和现象，探索中国社会工作发展的基本路径，繁荣社会工作领域内的学术氛围，推动社会工作的进一步发展。

2. 加强与国内社会工作教育界的交流。社会工作系希望通过出版集刊，强化与国内社会工作教育界交流网络的建立，共同探讨都市社会工作领域的各类问题，共同推动中国社会工作的教育和专业人才培养的深入开展。

3. 推动与相关政府部门的合作。社会工作系希望通过集刊出版之契机，携手相关政府部门共同研究新现象、新问题、新经验，并期冀合作研究成果对完善政策和制定新政策有所裨益。

4. 强化与实务部门的紧密联系。社会工作系希望通过集刊出版，进一步加强与医院、学校、工会、妇联、共青团、社区管理部门、司法部门、老龄与青少年工作部门，以及各类社会组织的密切联系与合作，通过共同探讨和研究，深入推动中国社会工作实务的开展。

5. 积累和传播本土社会工作知识。社会工作系希望通过出版集刊，更好地总结中国社会工作理论与实务的经验，提炼本土的社会工作专业服务模式，从而推动社会工作专业的健康发展。

二 来稿要求

1. 稿件范围。本集刊设有医务与精神健康社会工作、老年社会工作、儿童与青少年社会工作、城市社区社会工作、城市家庭和妇女社会工作、学校社会工作、社区矫正、社区康复、社会组织发展、社会政策分析及国外都市社会工作研究前沿等栏目，凡涉及上述领域的专题讨论、学者论坛、理论和实务研究、社会调查、研究报告、案例分析、研究述评、学术动态综述等，均欢迎不吝赐稿。

2. 具体事项规定。来稿均为原创，凡已经公开发表的文章不予受理。篇幅一般以 8000～10000 字为宜，最多可达 20000 字。稿件发表，一律不收取任何费用。以质选稿，择优录用。来稿请使用电子文本。来稿一般不予退稿，请作者自留稿件副本。

稿件正文标题下分别是作者、摘要、关键词、作者简介。作者应将标题、作者名和关键词译成英文。文稿正文层次最多为 5 级，其序号可采用一、（一）、1、（1）、①。来稿需在文末标注作者的工作单位全称、详细通信地址、联系电话、邮政编码、电子邮箱，并对作者简要介绍，包括姓名、职称、学位、研究方向等。

3. 本集刊权利。本集刊有修订删改文章的权力，凡投本刊者被视为认同这一规则。不同意删改者，请务必在文中声明。文章一经发表，著作权属于作者本人，版权即为本集刊所有，欢迎以各种形式转载、译介和引用，但必须遵照《中华人民共和国著作权法》及有关国际法规。

4. 来稿文献引证规范。投稿本集刊的作者，请遵循以下文献引征规范。

（1）为保护著作权、版权，投稿本集刊的文章如有征引他人著作，必须注明出处，应包括作者/编者/译者、出版年份、书名/论文题目、出版者，如是对原文直接引用则须注明页码。

（2）参考文献应在文章末尾列出征引出处，在文内则简要列出作者/编者姓名和年份，例如：

（正文）对于处于初步专业化的社会工作来说，应采取这种专门化的发展模式，而在专业化程度比较高的阶段，就应采取整合的社会工作模式

（李增禄，1996）。

（文末）李增禄，1996，《社会工作概论》，台北巨流图书公司。

例如：征引书籍

对作者的观点做综述性引用：

（文内）（Richmond，1907）

（文末）Richmond，M. 1907. *The Good Neighbor in the Modern City*. Phila-delphia：J. B. Lippincott.

（文内）（李增禄，1996）

（文末）李增禄，1996，《社会工作概论》，台北巨流图书公司。

引用原文应注明页码，如：

（文内）（李增禄，1996：25）

（文末）李增禄，1996，《社会工作概论》，台北巨流图书公司。

说明：英文参考文献中，书名请用斜体字；中文参考文献中，书名请用书名号。

例如：征引文集中的单篇文章

（文内）（Hill，1987）

（文末）Hill，J. 1987. "Evaluating Effectiveness." In J. Harding（ed.），*Probation and the Community：A Practice and Policy Reader*. London：Tavistock，pp. 226 – 238.

（文内）（阮曾媛琪，1999）

（文末）阮曾媛琪，1999，《迈向 21 世纪香港社会工作的趋势、挑战与使命》，载何洁云、阮曾媛琪主编《迈向新世纪社会工作理论与实践新趋势》，香港八方文化企业公司，第 441～472 页。

说明：英文参考文献中，书名请用斜体字，并标明页码；中文参考文献中，文章题目及书名请用书名号，并标明页码。

例如：征引期刊中的单篇文章

（文内）（Reamer，1998）

（文末）Reamer，F. G. 1998. "The Evaluation of Social Work Ethic." *Social Work* Vol. 43，No. 3，pp. 488 – 500.

（文内）（王思斌，1995）

（文末）王思斌，1995，《中国社会工作的经验与发展》，《中国社会科学》第 2 期，第 97～106 页。

说明：英文参考文献中，刊名请用斜体字，并标明页码；中文参考文献中，文章题目及刊名请用书名号，并标明页码。

③转引文献，应注明原作者和所转引的文献，如：

（文内）在成立大会上，会长崔乃夫对社会工作做了如下界定："社会工作是……"（崔乃夫，1991）。

（文末）崔乃夫，1991，《1991 年 7 月 5 日在中国社会工作者协会成立大会上的讲话》，转引自《中国社会工作百科全书》（第 1 版），中国社会出版社，1994，第 2 页。

④参考文献的排序采取中文、英文分别排列，中文在前，英文在后；中文按作者姓氏的汉语拼音、英文按作者姓氏分别以字典序列排列。

⑤作者对文章内容需要进一步说明的，采用脚注，序号一律采用"①、②、③……"。

⑥行文中，外国人名第一次出现时，请用圆括号附原文，文章中再次出现时则不再附原文。在英文参考文献中，外国人名一律姓氏在前，名字以缩写随后，以逗号分隔。

如：Mary Richmond 应写为：Richmond，M.

⑦外国人名、地名的翻译以商务印书馆 1983 年出版的《英语姓名译名书册》和《外国地名译名书册》为标准。

图书在版编目（CIP）数据

都市社会工作研究. 第 5 辑 / 张文宏主编. -- 北京：
社会科学文献出版社，2018.12

ISBN 978 - 7 - 5097 - 8923 - 0

Ⅰ.①都… Ⅱ.①张… Ⅲ.①城市 - 社会工作 - 研究
- 中国 Ⅳ.①D632

中国版本图书馆 CIP 数据核字（2018）第 292946 号

都市社会工作研究 第 5 辑

主　　编 / 张文宏
执行主编 / 范明林　杨　铤

出 版 人 / 谢寿光
项目统筹 / 杨桂凤
责任编辑 / 胡庆英　孙智敏

出　　版 / 社会科学文献出版社·社会学出版中心（010）59367159
　　　　　地址：北京市北三环中路甲 29 号院华龙大厦　邮编：100029
　　　　　网址：www.ssap.com.cn
发　　行 / 市场营销中心（010）59367081　59367083
印　　装 / 三河市尚艺印装有限公司

规　　格 / 开 本：787mm × 1092mm　1/16
　　　　　印 张：10.25　字 数：175 千字
版　　次 / 2018 年 12 月第 1 版　2018 年 12 月第 1 次印刷
书　　号 / ISBN 978 - 7 - 5097 - 8923 - 0
定　　价 / 69.00 元

本书如有印装质量问题，请与读者服务中心（010 - 59367028）联系